老旧街区韧性空间重构规划

李勤　李文龙　卢继明　王梦钰　著

北京

冶金工业出版社

2023

内 容 提 要

本书全面系统地阐述了老旧街区韧性空间重构规划的基本理论、内容及方法。全书包括正文和附录两部分。正文部分共分 7 章,第 1 章归纳了老旧街区韧性空间重构规划的基本内涵和主要框架;第 2 章梳理了老旧街区韧性空间重构规划的相关理论;第 3~7 章分别从空间与建筑、服务设施、既有管网、生态环境和社会环境等五个方面阐述了老旧街区韧性空间重构规划的内涵、内容及方法等。附录部分以案例形式展示了老旧街区韧性空间重构规划的探索和应用。

本书可供城乡规划、建筑学、土木工程、工程管理等领域的工程技术人员阅读,也可供高等院校相关专业的师生参考。

图书在版编目(CIP)数据

老旧街区韧性空间重构规划/李勤等著 .—北京:冶金工业出版社,2023.5

ISBN 978-7-5024-9498-8

Ⅰ.①老… Ⅱ.①李… Ⅲ.①旧城改造—研究—中国 Ⅳ.①F299.23

中国国家版本馆 CIP 数据核字(2023)第 080350 号

老旧街区韧性空间重构规划

出版发行	冶金工业出版社	电　　话	(010)64027926
地　　址	北京市东城区嵩祝院北巷 39 号	邮　　编	100009
网　　址	www.mip1953.com	电子信箱	service@ mip1953.com

责任编辑　杨　敏　美术编辑　彭子赫　版式设计　郑小利
责任校对　葛新霞　责任印制　禹　蕊
北京捷迅佳彩印刷有限公司印刷
2023 年 5 月第 1 版,2023 年 5 月第 1 次印刷
787mm×1092mm 1/16;11 印张;265 千字;167 页
定价 79.00 元

投稿电话　(010)64027932　投稿信箱　tougao@cnmip.com.cn
营销中心电话　(010)64044283
冶金工业出版社天猫旗舰店　yjgycbs.tmall.com
(本书如有印装质量问题,本社营销中心负责退换)

《老旧街区韧性空间重构规划》
编写（调研）组

组　长：李　勤

副组长：李文龙　　卢继明　　王梦钰

成　员：王孙梦　龚建飞　王　蓓　王　琼　王淑青

　　　　骆晓萌　刘怡君　鄂天畅　代宗育　武仲豪

　　　　闫永强　陈尼京　张家伟　都　晗　田伟东

　　　　孟　海　陈　旭　武　乾　杨战军　贾丽欣

　　　　田　卫　张　扬　裴兴旺　张广敏　郭　平

　　　　柴　庆　王　莉　华　珊　万婷婷　王　楠

　　　　吕双宁　余传婷　王锦烨　彭绍民

前　言

　　老旧街区是老城区的重要组成部分，老旧街区韧性空间重构规划是城市更新与韧性城市建设的重要发展策略之一。本书深入剖析和阐述了老旧街区韧性空间重构规划的基本理论、内容及方法。

　　全书包括正文和附录两部分。正文部分共分7章，其中第1章阐述了老旧街区、韧性空间、重构规划的基本内涵，并归纳了老旧街区韧性空间重构规划的框架；第2章从韧性城市、人地关系、可持续发展、区域一体化的视角，阐述了老旧街区韧性空间重构规划的相关理论；第3章从空间格局、既有建筑结构、既有建筑空间三个方面阐述了老旧街区空间与建筑韧性重构规划的内涵、内容及方法；第4章从交通设施、防灾设施、公共设施三个方面阐述了老旧街区服务设施韧性重构规划的内涵、内容及方法；第5章从给水管网、排水管网、电力管网、热力管网、燃气管网五个方面阐述了老旧街区既有管网韧性重构规划的内涵、内容及方法；第6章从自然环境、绿化景观、公共卫生、资源能源四个方面阐述了老旧街区生态环境韧性重构规划的内涵、内容及方法；第7章从社会管理、经济产业、文化保护三个方面阐述了老旧街区社会环境韧性重构规划的内涵、内容及方法。附录部分以案例的形式展示了北京前门草厂街区、苏州平江路街区、汕头小公园街区、上海田子坊街区四个老旧街区韧性空间重构规划的探索和应用。全书内容丰富，逻辑性强，由浅入深，便于操作，具有较强的实用性。

　　本书主要由李勤、李文龙、卢继明、王梦钰撰写。第1章由李勤、王淑青、李文龙、陈尼京撰写；第2章由李勤、王孙梦、王梦钰、卢继明撰写；第3章由李勤、骆晓萌、田伟东、王梦钰撰写；第4章由李文龙、李勤、龚建飞、张家伟撰写；第5章由卢继明、龚建飞、李勤、都晗撰写；第6章由李文龙、王蓓、王梦钰、李勤撰写；第7章由李勤、王琼、刘怡君、卢继明撰写；附录由鄂天畅、代宗育、武仲豪、闫永强、陈尼京撰写。

　　本书的撰写得到了北京市高等教育学会2022年课题"促进首都功能核心

区高质量发展的城市更新课程教、研协同发展优化研究"（批准号：MS2022276)、北京市教育科学"十三五"规划课题"共生理念在历史街区保护规划设计课程中的实践研究"（批准号：CDDB19167)，以及中国建设教育协会课题"文脉传承在'老城街区保护规划课程'中的实践研究"（批准号：2019061）的支持。

　　此外，本书的撰写还得到了北京建筑大学、西安建筑科技大学、中冶建筑研究总院有限公司、西安建筑科大工程技术有限公司、中策北方工程咨询有限公司、柞水金山水休闲养老有限责任公司、西安建筑科技大学华清学院、西安市住房和城乡建设局、西安华清科教产业（集团）有限公司等的大力支持与帮助。同时，在撰写过程中参考了许多专家和学者的有关研究成果及文献资料，在此一并向他们表示衷心的感谢！

　　由于作者水平有限，书中不足之处，敬请广大读者批评指正。

作　者
2023 年 3 月

目　　录

1 老旧街区韧性空间重构规划基础

1.1 老旧街区基本内涵

1.1.1 老旧街区的界定

（1）街区。街区是具有地域性特征的社会生活共同体，通常是由周边建筑、街道、服务设施及其他开放空间经道路围合而成的有机组合空间，是居民生活的区域，承载着日常生活需求，同时也是产业的物质容器，是城市发展的物质结构支撑。

（2）老旧街区。老旧街区主要指在城市发展过程中，建成时间相对长久，设施和建筑出现一定老化，生态环境品质较低，街区整体面貌呈现一定老旧状态的街区。可以从时间、功能、城市发展三个角度定义。

1）时间角度。从时间角度看，老旧街区因建设时间较长，街区建筑因风吹、日晒、雨淋等自然因素遭到破坏；因人的起居、工作等人为因素遭到磨损；在城市发展的进程中，还因加建或部分改造等社会因素遭到改变。这种建筑集中连片，自然痕迹、人为痕迹和社会痕迹都十分明显的区域被称为老旧街区，如图1.1和图1.2所示。

图1.1　成都宽窄巷子

图1.2　东台安丰古街

2）功能角度。从功能角度看，老旧街区原有功能无法完全满足新的社会需求，出现道路拥挤；环境质量较差；公共设施落后损坏；交往空间不足；空间结构日趋封闭；空间形态单一等问题。党的十八大以来，人民生活水平不断提高，人民群众对美好生活的向往将对城市街区空间提出更高的要求，老旧街区功能滞后的现状已不能有效满足人民生产生活的美好需要，阻碍了城市高质量发展。此外，自20世纪90年代以来，中国经济发展突飞猛进，国家产业面临转型，在结构、规模、组织和技术装备等方面都发生了重大变化。

因此，也产生了在功能上落后与缺失的工业型街区，如图1.3和图1.4所示。

图1.3 重钢旧址

图1.4 首钢旧址

3）城市发展角度。从城市发展角度看，老旧街区的发展相较于周边街区相对落后。城市的发展包括城市面貌、经济、文化功能等方面。老旧街区往往位于人口集中的城市中心区域，作为城市早期发展的历史见证者，是表现城市肌理的重要部分，展示了街区早期的城市社会背景、经济发展状况与文化精神面貌，回应了当时人们的生活需求，然而随着城市的快速发展，很多街区呈现出破旧的特征，对城市形象造成一定程度的破坏，对城市发展产生消极影响。此外，处于黄金地段的街区土地价值不断提升，这与老旧街区本身落后的物质环境条件不相匹配，进一步加剧了城市用地矛盾，阻碍了城市经济发展，如图1.5和图1.6所示。

图1.5 西安西八里村

图1.6 西安三爻村

1.1.2 老旧街区的分类

1.1.2.1 按街道布局结构分类

老旧街区空间按街道布局结构可以分为以下几种类型：

（1）直线型。直线型街区通常街道顺直平坦、平面布局严谨、构筑组成对称、街区导向性强，街区内的主要构筑物按照一定布局沿着笔直平坦的街道对称展开，如图1.7（a）所示。这样建造的街区，通常在道路末端或两侧添加公共建筑物、小型广场等，以创造一定的公共活动空间，营造一定程度的场所感，减少直线型街区的单调感。

（2）曲线或折线型。曲线或折线型街道所形成的街区在布局形式上自由多样，街道空间曲折多变，构图多数并不对称，视角随着街道走向的不同而不断改变，面前的景观亦随之不断变化，营造出令人期待且耐人寻味的空间效果，如图1.7（b）所示。这种类型的街道空间在南方一些不规则的老旧街区内较为常见，具有较强的可识别性。

（3）沿河而成型。街道邻水而建，直线与曲线相交互，如图1.7（c）所示。此类街区多出现在江南水乡，与居民的生活方式联系紧密。街道沿线的河道不仅是街区主要的景观特征，亦是商业活动的集中之地。河道既可作为景物供人观赏，亦可作为航道承担街区的交通功能，同时还可作为街区居民日常生活聚集的主要场所。

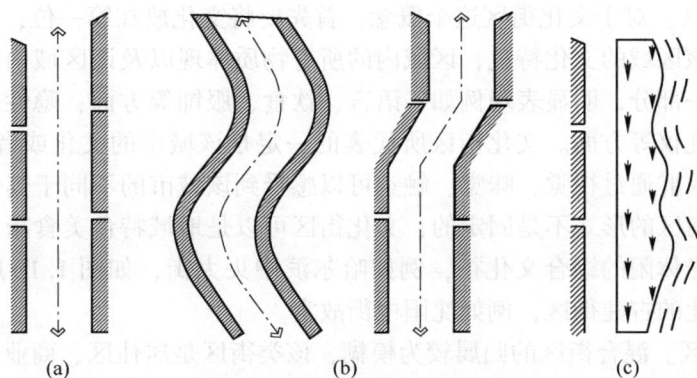

图1.7 按街道布局结构分类
（a）直线型；（b）曲线或折线型；（c）沿河而成型

1.1.2.2 按使用功能分类

根据街区内土地的使用功能，老旧街区可分为以下几种类型：

（1）居住街区。居住街区是指内部地块以居住功能为主的街区，融合了商业服务、文化教育、道路以及住宅等多种功能和设施。相比于封闭式小区，居住街区呈现出开放的、网络状的形态，但内部又通过住宅排布提供了适宜的封闭与半封闭空间。街区道路的融入完善了城市交通路网，有利于促进城市交通的多样化发展，而路网的划分则带来了更多的街头巷尾公共空间，通过置入多元的基础功能，有助于加强居民间的联系，催生丰富的公共生活，进而提高街区和城市的活力。胡同是中国最具代表性的老旧居住街区，如图1.8所示。

（2）商业街区。商业街区是以商业为主要特征的街区。作为城市商业活动的写照，它是一种由各类型的零售店、餐饮店等组成的一应俱全的商业集合体。商业街区通常位于城市中心区和住宅区附近，由各项功能单元组合而成，是围绕某一商业设施如超市、商业企业等集聚而成的商业中心。对于一个城市而言，商业街区通常具有明显的空间特征或深厚的历史积淀，不仅推动城市经济发展，也是城市自然与社会特征的重要载体。大栅栏（Dàshílànr），是北京市前门外一条著名的老旧商业街区，如图1.9所示。

图1.8 北京西四胡同

图1.9 北京大栅栏

（3）文化街区。对于文化街区这个概念，首先要将文化放在第一位，在街区的宏观以及微观层面体现该区域的文化特色，区域内的所有物质体现以及该区域内所传达出的地域氛围都是文化的一部分，明显表现例如：语言、饮食、服饰等方面；隐性表现例如：传说故事、价值观、礼仪等方面。文化街区所代表的一定是该城市的文化或者文化的一部分，在文化街区中，人群通过视觉、味觉、触觉可以感受到该城市的不同于其他城市的差异化特征；当然文化街区的形式不是固定的，文化街区可以是地域特色美食街，例如西安回民街；也可以是观光休闲的综合文化街，例如哈尔滨中央大街，如图1.10所示；还可以是体现城市历史文化的古建街区，例如沈阳中街故宫。

（4）混合街区。混合街区的归属较为模糊，该类街区是居住区、商业区、文化区的融合。混合街区是指同一街区在功能上，存在两个或两个以上相互关联、相互混合且占比较高的功能。例如，以文化和商业为主要功能的上海田子坊，如图1.11所示。

图1.10 哈尔滨中央大街

图1.11 上海田子坊

1.1.3 老旧街区的要素

老旧街区的要素构成可归纳为空间肌理、空间界面、街区节点、历史遗存、隐性文脉、时代特征六个部分，每个部分及其包含的内容如图1.12所示。

图 1.12 老旧街区要素构成

1.1.3.1 空间肌理

A 街道尺度

尺度通过衡量物质与物质、人与物质间的比例关系来进行评价，简言之，尺度即一种以人的心理感受为主的比例关系。街区的规模界定并不是十分准确，但在面积上可以步行能够达到为准。参照人的尺度设计的空间在一定程度上可以使人心情愉悦，不同界面、空间与人的比例关系直接影响着人们的情感倾向。D 与 H 即街道尺度的构成要素。人的感受随 D 与 H 间比例关系的不同而变化。由表 1.1 可知，当 $D:H$ 比在 1~3 之间时能产生令人身心愉悦的街道空间布局，由于人们大多倾向安全且亲和的空间，所以老旧街区空间大部分的 D 与 H 比值都在 1~3 之间。

表 1.1 街道尺度

D/H	人 的 感 受
≈1	产生兼具围合感与开放性的街道空间

D/H	人 的 感 受
≈2	建筑的细部能够清晰地呈现
≈3	街道的闭合感极低，一部分建筑立面的细节开始模糊
≈4	没有明显的空间围合感

B 街区空间形态

空间形态是指城市在历史发展演变中不同空间形式表现出的三维形态特征，也包含各个构成要素在空间中的分布规律及其之间的组织关系。空间形态具有物质层面和精神层面两种空间属性，各要素的分布特征反映了空间形态的演变规律和发展格局。

在老旧街区中，空间形态主要由街巷、节点、景观等空间及它们的组织关系共同组成，是长年累月的积淀，是人们生活方式和街区演变的记录，它不仅有物质功能，也承载着街区居民的精神寄托。老旧街区中的空间形态有很多形式，但一般以线性的空间形态为主，连接起由功能空间进行划分后形成的不同单元。

C 街区肌理

肌理原本是美学的概念，引申到老旧街区中主要指街巷空间、院落空间与建筑形成的秩序，体现了久远的生活方式与历史文化，可以理解为建筑与空间的一种图底关系。老旧街区肌理的形成是历史发展的必然结果，它呈现了街区与空间的外在形态，影响着街区的视觉效果，并反映着人的生活方式与街区的交互结果。

肌理的特性主要包括重复性、逻辑性和稳定性，其中重复性是肌理的固有属性，对老旧街区而言，它包含建筑院落、街巷等物质存在的重复。肌理背后体现着一定的逻辑性，在老旧街区中指中国自古以来的院落以及建筑营造模式。同时，肌理的形成也是一种长期的变化，但它受时间、环境等外在因素和内部功能要求的影响是动态微小的，因此存在一定的稳定性。

1.1.3.2 空间界面

老旧街区的空间界面指街区空间与实体的交接面。空间界面是相对于街区空间而言的，指人通过视觉对外部空间形象产生感知的面状要素，由基本视觉要素进行组织和建构形成。

界面有多种分类方式：从人工干预程度上可分为人工界面和自然界面；从界面组成的可塑性上可分为软质界面和硬质界面；从人的视线角度上可分为顶界面、侧界面和底界面，如图1.13所示；根据界面构成要素的有形和无形可分为实体界面和非实体界面。

1.1.3.3 街区节点

节点为具有某种用途或特征集中的城市公共空间，是承担聚散功能、容纳多种活动发生的公共空间。对节点的理解包含以下两个方面：第一，节点是城市结构上的核心与焦点，对周边环境能够起到调控作用；第二，节点形成于交通路径，是由交通路径衍生而形成的特殊城市空间，这些交通路径包括了路面、江、河、湖、泊等人们可以发生活动和移动的路径。

在老旧街区中，节点空间为居民、游客的活动提供场所，包括作为人流引导和交通缓冲空间的入口、以交通疏散功能为主的街道交叉口及嵌于街道中，通过道路一侧局部空间放大形成的集中性活动空间或广场等。根据空间的功能与特征、城市意象与形态理论，可将节点分为集中性节点、连接性节点以及同时具有集中性与连接性的节点空间。

图 1.13　老旧街区的空间界面
（a）底界面；（b）顶界面；（c）侧界面

A　集中性节点

集中性节点是使用者汇集或活动的集中空间，在老旧街区中包括广场、特殊建构筑物、街区景观、公共休憩区等（图 1.14（a））。集中性节点是体现街区空间特点和风貌的重要组成部分，它可以融合传统和现代的因素，也可以同景观结合设计，成为风貌极佳的景观空间。

B　连接性节点

老旧街区中的连接性节点主要包括连接不同街区、不同空间、不同建构筑物等的场所，是空间使用者需要做出行为选择或行为转换的地点（图 1.14（b）），例如桥体、通道等。

图 1.14　老旧街区的节点空间
（a）集中性节点；（b）连接性节点

C　同时具有集中性与连接性的节点空间

在老旧街区中集中性节点与连接性节点并不是非此即彼的割裂性存在，有的节点空间可能同时兼具有集中性和连接性的功能（图 1.15），例如连接街区不同部分的广场，以集中性为主的同时又具备连接性的特征；又比如南方老旧街区中沿水系设置的线性步廊中的亭子，在连接性的功能上又有集中性的特征。

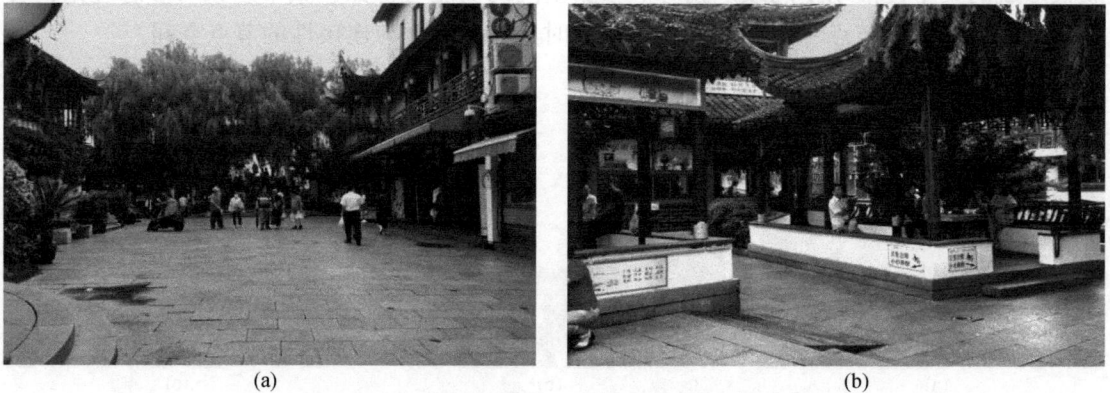

图 1.15 同时具有集中性与连接性的节点空间
(a) 兼有连接性功能的集中性节点；(b) 兼有集中性功能的连接性节点

1.1.3.4 历史遗存

老旧街区中常见的历史遗存主要有三种类型，分别是建筑遗存、构筑物遗存和其他遗存，如图 1.16 所示。

图 1.16 历史遗存
(a) 建筑遗存；(b) 构筑物遗存；(c) 其他遗存

A 建筑遗存

建筑遗存是老旧街区中具有历史价值和传统风貌的建筑物和建筑群。常见的建筑遗存有祠堂、寺庙、道观、宫殿、府邸、戏楼、茶馆、塔楼、亭子等公共建筑，也有名人故居、园林建筑、有纪念意义的民居院落、风貌完整的传统建筑群等，也有经功能置换后的纪念馆、博物馆、展示馆等建筑。

B 构筑物遗存

构筑物是指为某种使用目的而建造的、人们一般不直接在其内部进行生产和生活活动的工程实体或附属建筑设施。老旧街区内常见的有牌楼、具有纪念意义或观赏作用的塔、桥梁和烟囱等构筑物。这些构筑物遗存有些甚至没有实际使用功能，但同样是老旧街区风貌不可或缺的组成部分。

C 其他遗存

老旧街区中除建构筑物外以物质形式存在的历史遗存，包括与居民生活相关的生活设施及生活用品，例如井、石缸、石凳、石狮、石磨等。这些历史遗存一般作为景观小品点缀在老旧街区中。

1.1.3.5 隐性文脉

文脉一词最早源于语言学范畴，是指文化脉络，是不同元素之间的内在作用与联系。由于自然条件、经济技术、社会文化的不同，每个城市都会形成特有的地域文化和建筑式样，因而对于老旧街区的探究，需要以文化的脉络为背景，强调总体环境与要素间的连续性和完整性。城市文脉可分为显性文脉与隐性文脉（表1.2），在老旧街区中又可进一步具体细分（表1.3），其中，显性文脉包括上文所论述的物质要素，而隐性文脉主要指以非物质形式存在的文化要素，例如街区文化、人文习俗等。

表1.2 文脉的划分

显 性 文 脉	隐 性 文 脉
地形地貌、山水格局、空间肌理、街道界面、建筑形态	历史文化、传统民俗、人文情感

表1.3 老旧街区文脉的细分

显 性 文 脉	隐 性 文 脉
街区肌理、街巷空间、建筑形式、建筑材质、道路、水系、古树、特殊建构筑物、历史遗存等	街区文化、人文习俗、非物质文化

A 街区文化

街区文化指老旧街区中经历史积淀和演化后形成的精神寄托和非物质形态的传承。它与街区本身的物质存在不可分割，是街区空间独有的场所精神，一旦脱离老旧街区这一载体，街区文化就无从谈起。一个街区在发展过程中，会因生活在其中的人、存在的物及历史文化渊源而形成各自的特色，它们因地域不同产生差别，从而形成和而不同的街区文化，例如胡同文化、里弄文化、码头文化等，甚至还有一些老旧街区见证了特色文化的发展，例如景德镇的陶瓷文化等。

B 人文习俗

人文习俗指老旧街区的非物质文化遗产、经历史发展延续下来的居民生活习俗和生活方式等。需注意的是非物质文化在被努力传承的基础上，也应顺应时代发展寻求变化和突破以焕发新生，例如北京故宫以自身文化背景设计的各种文创产品，将文化与当代社会需求结合，让故宫文化得以新生，还打造成一个品牌，在吸引不同年龄段人群购买和使用的过程中，使文化得以延续。

1.1.3.6 时代特征

老旧街区在每个历史阶段都会有新的印记融入其中，然后不断发展，推陈出新，这就使得老旧街区呈现出不同的时代特征，即在街区中融入对应时代人们物质和精神需求、生活与休闲娱乐方式的特性。其中，物质印记意为各历史阶段物质成果的转化，是每个历史阶段人类物质文明的发展及其产生的技术成果，例如从土房子到木房子，再从砖房子到钢筋混凝土房子，这种发展变化与每个历史阶段的生产力、经济发展水平及技术成果紧密相关，形成对应历史阶段的印记，也使得老旧街区的风貌呈现出动态发展的过程；非物质印记意为街区人文的延续，是老旧街区精神风貌的延续，也是居民精神层面需求变化的展示。

1.2 韧性空间基本内涵

1.2.1 韧性空间的理念

1.2.1.1 韧性理论

韧性最早出现在数学、物理学中，用来描述材料的稳定性和外力作用下恢复形变的能力，是用来描述人或事物的内在本质属性的一种性质。"韧性"的英文为"resilience"，最早来源于拉丁语"resilio"，表示回归原始状态的涵义。韧性在工程学、心理学、灾害学等领域有着悠久的研究与应用历史，随着系统思维的兴起，韧性逐渐被引入生态学和社会科学领域。随着韧性的相关研究不断深入与系统化，韧性在社会生态领域逐渐发展成为一套理论——韧性理论。研究学者认为，人类应当适应、接受、兼容外界扰动，摒弃对单一稳态的追求，在不断波动的环境中适应性发展。

1.2.1.2 韧性机理

机理是指为实现某一特定功能，一定的系统结构中各要素的内在工作方式以及诸要素在一定环境条件下相互联系、相互作用的运行规则和原理。场地的机理主要通过时间维度和空间维度表现，展现出场地内各种人工构筑物以及各种有机体形成的表象上的内容以及各种时间段中互相联系的逻辑关系。而韧性机理的表现，除了拥有生态上以及工程上的作用，同样也有社会、经济、历史、文化等非显性因素，韧性机理的研究可以将当前场地建设所面临的问题以图形化的方式层层呈现出来，使管理者与规划设计从业者了解外部环境影响下的抵御、适应、恢复的现状情况，从而主动追求场地空间的可持续性与连续性。因其涵盖的内容比场地本身更宽广，越来越多的设计师已经将韧性机理作为一个基本的设计框架运用到老旧街区的修复工作以及新城的建设当中。

1.2.1.3 韧性空间

韧性空间是与外界扰动相匹配的空间，即空间系统能够抵抗外界的干扰，具有恢复力、抗扰动力（维持力）和适应力，能够吸收控制、重组创新、主动适应变化，如图 1.17 所示。当处于常态（R_1）的系统受到外部扰动时，对自然、社会、文化、经济等不同类型的空间都有一定的影响，而具有韧性的空间在面对自然灾害、突发事件、经济衰退、技术更迭、人才流失等各种急性冲击和慢性压力时，能够有效抵御这些干扰的影响并通过良好的监测、合理调整控制并适应变化，在吸收外界干扰之后转型成一种更优越的状态（R_2），即系统内部的功能可以纾解所受到的外界冲击，并能够有效达到一种动态平衡，这里的动态平衡非指回到原始状态，而是系统内在功能的自我完善与运转。韧性空间有三种本质属性：（1）系统能够承受一系列变化且仍然保持对功能与结构的控制力；（2）系统有能力进行自组织；（3）系统具有建立与促进学习自适应的能力。

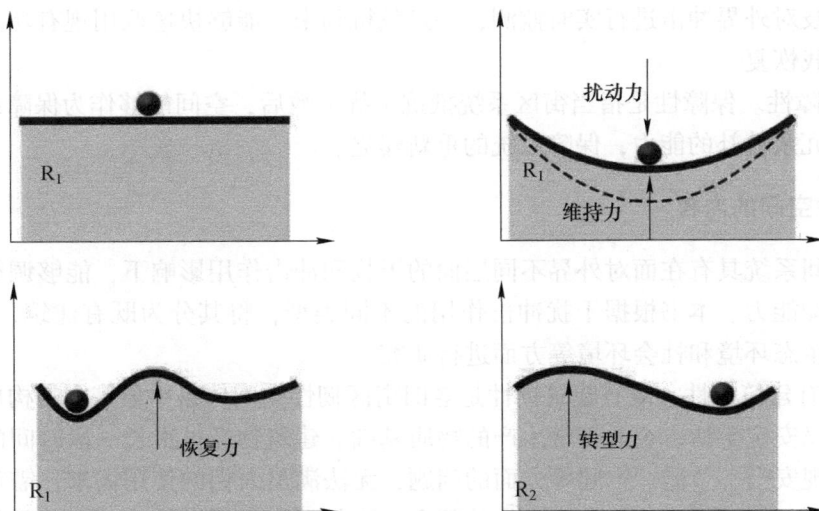

图 1.17 韧性能力图解

将韧性理论引入老旧街区空间重构研究，通过分析其内涵，可以明确老旧街区应具备的韧性特征，构建韧性空间重构规划体系，通过韧性建设提高街区整体空间系统的免疫力，改善老旧街区空间存在的脆弱性强的现状问题，以应对城市频发的灾害和不确定风险。

1.2.2 韧性空间的特征

（1）稳健性。稳健性是指系统在受到外界冲击破坏的情况下，依然能在一段时间内维持基本功能运转的一种能力，强调的是系统基础的强度。韧性空间通常指具有超越自身需求的供给能力，且能够保持一定程度上的功能重叠，在外部冲击开始发生时能够依靠自身结构系统强度进行正面抵御，以避免系统瘫痪。

（2）恢复性。恢复性是指系统受到外界扰动后快速恢复的能力。老旧街区是一个复杂的系统，具备自组织恢复能力是系统韧性的重要特征。这就要求系统能够保持动态平衡，各部分之间建立强有力的联系和相互作用；同时，通过系统内外资源的有效流动及时填补系统缺口。

（3）适应性。适应性是指韧性空间具有从经验中学习、提高自我适应能力的特点，具有较强的灵活性和适应能力，通过技术和管理等措施不断完善自身系统的结构和性能，适应外部环境和冲击的变化，有应对危机和灾难的储备资源并具备科学调度的能力。能够在有限的资源条件下，实现决策的优化，完成资源效益的有效发挥。

（4）多元性。多元性，即系统内部功能趋于多样化，完善各部门的联系与协同机制，规避单一的功能设置，因为单一功能的系统要素间缺乏联系，遭受冲击时容易导致系统的崩溃。韧性系统的多元性决定了系统需要从经济、文化、生态以及基础设施等多维度实现完备性，能够在遭受外界冲击之后迅速调动，通过多方功能协作弱化冲击力度，实现有效的应急功能。

（5）冗余性。冗余性是指在合理程度下设置有效的备用模块，以此来抵御和分散风险。系统韧性的建设目标主要在于实现公共系统功能的建立健全，确保系统的有效运转，并通过高科技对外界冲击进行实时监测，一旦危机到来，能够快速调用现有功能进行有效抵御以及自我恢复。

（6）保障性。保障性是指当街区系统抵抗干扰失败后，空间能够作为保障系统，具有快速备份和冗余替补的能力，保障系统的重新建立。

1.2.3　韧性空间的内容

韧性空间系统具有在面对外界不同层面的干扰和冲击作用影响下，能够调整控制和适应变化的主动能力。本书根据干扰冲击作用的不同类型，将其分为既有建筑、基础设施、既有管网、生态环境和社会环境等方面进行研究。

（1）既有建筑韧性。既有建筑韧性是老旧街区韧性空间体系中最基本的构成要素，是保障街区居民安定生活、企业正常生产的物质基础。建筑物经过很长一段时间的投入使用后，可能出现安全、节能、空间等方面的问题，无法满足人们的使用需求，需对其进行二次设计改造更新。而既有建筑韧性重构的理念，不仅是指小规模的建筑更新与保护共存的发展模式，更强调以人为本，主次分明、富有韧性的创新发展理念。这一观念强调各个层面的韧性，包括宏观（城市文化）韧性、中观（空间布局）韧性和微观（详细设计）韧性，不仅需要适应社会、经济和科技的发展，又要能应对外界的挑战和冲击，最终实现人民生活质量的提高。

（2）基础设施韧性。基础设施指的是为社会生产活动以及人民生活所提供的物质工程设施，主要包括交通、水电、商业、文化、教育等众多公共服务，是保证街区正常运行的公共服务系统。随着街区系统的日趋完善，对于基础设施的建设要求逐步提高，单一的建设模式缺乏对环境的动态适应能力，削弱街区资源的利用效果，甚至会加重街区系统的脆弱性，不利于资源的优化配置。基础设施韧性规划就是要打破原有的单一功能性，遵循多元性、冗余性和适应性等关键基本特征，在原有功能结构的基础上通过韧性规划理念构建更为多样的功能结构，形成有利于街区韧性提升的多元布局，加强适应外界动态变化的能力，当街区系统面临冲击，高度韧性的基础设施能够快速传导灾害信息，有效组织基础设备应对突发情况，最大限度缩短应急时间，将损失降至最小化。因此，老旧街区韧性空间重构规划建设中，必须将基础设施韧性的发展问题前置，突破传统的规划方式，继续向多维空间布局转变，强化基础设施的运行效率与吸收转化能力，形成具有复合性及可塑性的新型布局。

（3）既有管网韧性。既有管网韧性是保障街区居民安定生活、企业经营发展的基本条件。既有管网包括给水管网、排水管网、电力管网、热力管网、燃气管网等。既有管网韧性是指街区的管网服务体系在受到突发公共事件和外来事件的影响时，能够快速恢复到正常运行状态的能力，这要求管网系统具有足够的适应性、抵抗性、学习能力和自我调节和恢复能力。高韧性度的管网系统在运行时具有一定的富余能力，可以通过系统组件来应对外界扰动；低韧性度的管网系统受到外界扰动易导致街区系统瘫痪。

（4）生态环境韧性。生态环境韧性是度量街区生态系统完善与否的重要依据。生态环境是涵盖水、资源、气体等多重物质的集合体，为人类的生存与延续提供根本性的物质空间，同时也是构成政治、经济及街区活动的重要物质基石。街区生态环境与街区整体的发展演化存在交互耦合的关系，内在环境的优化协调能够对街区发展产生正向促进作用，构建街区绿色生态网络，实现街区发展质量的优化。街区生态环境韧性是生态环境面临外界冲击时表现出来的抵御能力与恢复能力，对于街区面临的灾害能够进行自我缓冲与自我修复，最大限度地降低街区损失，并能够快速根据现实状况进行规制，实现初始稳态向调整后稳态转换，提高街区对于外界人为或自然灾害的防御能力，促进街区高质量发展。

（5）社会环境韧性。社会环境是在自然环境的基础上，人类通过长期有意识的社会劳动，加工和改造了的自然物质，创造的物质生产体系，积累的物质文化等所形成的环境体系，它一方面是人类精神文明和物质文明发展的标志，另一方面又随着人类文明的演进而不断地丰富和发展。社会环境韧性是社会有机体遭受外部冲击时抵御风险、最大限度降低损失以及修复损害的特质或能力，既包含了社会系统所固有的资源或条件，社会系统能基于这些资源或条件吸收冲击造成的影响并采取应对行为，同时也包括灾害发生后，社会系统重新组织、变革和学习以应对冲击的过程。社会环境韧性要求社会有机体具有系统性和发展性两个方面的特征。社会环境韧性是一种广义上的概念，包括经济、心理、社会、政治、文化、环境等非物质资源的集合，这些社会维度的因素构成了社会韧性。要注意的是，社会韧性的建立是一个螺旋上升的动态过程，应该关注相关社会因素并对其进行有机调整，最终形成良性的发展格局。

1.3 重构规划基本内涵

1.3.1 重构规划的理念

1.3.1.1 重构规划的概念

重构从字面意思理解是"重新建构"的意思。本书所讨论的重构是基于其字面意思"重新建构"含义上的再配置、再组合的一种系统科学的方法论。在系统的运行过程中，由于外部力量的冲击和内部成分的离析作用，系统原有的组织结构被分解甚至破坏，导致系统各组成部分难以正常运作，甚至导致整个系统难以维持良性可持续发展，重新构架可以优化系统要素组合，实现系统的根本性转变。

规划是涉及多要素、融合多观点的对一个特定领域发展远景的展望，也是进行更全面更长远的发展计划，是对未来整体性、长期性、基本性问题的考量和对未来整套行动进行设计的方案。规划需要以准确而实际的数据为基础，运用系统而科学的方法，根据相关技术标准和规范，从整体到局部设计出有针对性、有意义和有价值的行动方案。规划的制定应当按时间序列划分成阶段，这可以使行动目标更加明确，行动计划更加可行，数据更加精确，经济运作更加可控，收支更加合理。

综合以上分析，本书中的重构规划是指在空间结构的演化阶段，为适应街区长期发展的要求，通过重组该街区的空间结构元素，将其形成新的空间体系，从而使街区适应城市与时代的发展。

1.3.1.2 重构规划的目的

（1）改善街区生态环境。街区发展的重要保障之一就是街区的整体生态环境。老旧街区由于开发年代久远、开发手法落后等原因，其生态环境遭到不同程度的破坏。韧性空间理念指导下的老旧街区空间重构规划的重要目标之一就是改善街区生态环境，打造舒适的人居环境，满足人们日益增长的生活需求。

（2）提升文化吸引力。整合街区文化资源，引导人文景观与城市文化对接，提升街区竞争力与吸引力，同时构筑街区综合游憩系统。

（3）增强街区社会活力。良好的社会活动是街区与城市持续发展的基本保障。韧性空间理念指导下的老旧街区空间重构规划将营造更加复合多样的空间，打造多种社会活动方式，从而增强人的参与性，创造一个更加人性化的城市。

（4）复兴街区产业。经济的增长是街区与城市发展的根本动力，通过街区空间的韧性发展，使街区产业结构得到调整和优化，进一步增强其多元化发展，进而带动街区其他功能空间的发展。

（5）促进街区可持续性发展。街区发展规划将加强与城市发展规划的协调统一，引入全新的城市整体开发理念，注重空间资源的多样化利用，强调土地开发的兼容性，部分土地预留用于公共服务设施建设，以满足改造后街区可持续发展的服务需求。

1.3.2　重构规划的原则

（1）以人为本原则。老旧街区长期以来面临着居住生活与社会环境恶劣的局面，其重构规划必须始终秉承以人为本的基本原则，必须把不断满足人的需要作为老旧街区重构规划的出发点和归宿点。

（2）公众参与原则。老旧街区重构规划是地方政府、建设单位、设计单位、监理单位、运维单位、环境管理部门、潜在外来商户、周围居民、潜在游客等利益相关主体博弈的结果，对于复杂的权属利益关系，要在规划设计和实际建设中广纳民意，协调各种矛盾，化解各利益相关主体之间的矛盾，实现提升经济效益和社会效益的目标，使居民参与街区建设，确保建设项目的可实施性。

（3）整体规划原则。韧性理论强调，当系统受到外部冲击和不确定性灾害时，通过调整自身发展模式，合理优化或重构空间布局，可以进一步提高自身的自组织能力和自愈能力。老旧街区韧性空间重构规划不仅是人居、生态等子系统自身价值的实现，更重要的是能构成一个有机的统一体，从整体上提高老旧街区空间的韧性。

（4）动态适应原则。韧性理论实际上是基于一种动态性和不确定性提出的，它强调的空间重构并不是一个最终的成果，而是通过介入相关的韧性要素来实现空间的韧性发展，同时在后续的反馈中不断完善自身的发展缺陷。老旧街区韧性空间重构规划不仅是基于当下，更重要的是要使重构后的空间更加经得起时间的检验，能够以灵活自适应的系统主动迎接外界的压力与挑战，同时还可以动态适应街区经济、社会等多维度的发展目标。

（5）可持续发展原则。韧性理论实质上是通过提高系统的自组织能力和自我修复能力，在未知的灾害和不确定的变化发生时能够尽快恢复到初始的状态，进而变得更加可持续、可调节。老旧街区韧性空间重构规划既要解决当前提高居住质量、夯实公共服务、优化城市生态环境的要求，同时必须具备前瞻性，适应将来城市社会发展的前进方向与居民自身需求与实现的要求。因此，老旧街区重构规划要继承特定的历史地理信息，赋予空间新的价值，进而使老旧街区空间的发展变得更加可持续。

（6）文化传承原则。老旧街区长期以来形成的民俗公约、制度章程、邻里氛围、地脉文脉等是维系街区生长的核心凝聚力，在城镇化快速推进、街区人口流动加快、社会阶层不断分化的背景下，传承与延续街区文化是提升街区吸引力与竞争力的有力保障。因此，老旧街区韧性空间重构规划要"取其精华，去其糟粕"地将长期以来所形成的街区文化进行传承和发扬。

1.3.3 重构规划的内容

1.3.3.1 空间功能整合

老旧街区存在着错综复杂的人地权属关系，因此"理清土地权属关系"和"整合空间功能"是老旧街区重构规划工作的出发点。根据人们的生产生活需要，充分利用老旧街区的现有资源，将街区用地功能进行整合，经统一规划，划分为居住、游憩、服务、产业等空间形态，并用交通组织合理将其融为一体，既可以为街区居民的日常生活提供便利，也可以为城市系统提供设施。如图 1.18 所示，为杭州和睦街道活动场地改造前后对比图。

(a)　　　　　　　　　　　　　　　　　　(b)

图 1.18　杭州和睦街道活动场地
(a) 改造前；(b) 改造后

1.3.3.2 配套设施建设

在基础设施方面，加强市政、道路交通与城市管网的有效衔接，实现供水，供电、通信、环卫、暖气、燃气等设施与城市供给管理体系的协调统一；同时，通过运用新技术对生活污水进行处理与收集、对生活垃圾进行分类和回收，以期建立一个绿色环保、生活舒适的街区。

在公共服务设施配套方面，从圈层理论出发，在街区内部构建基本生命周期，以便民服务中心、社区医院、学校、文化中心、运动广场等基础服务为主要对象，为街区提供优质的服务。并结合街区现状，以图书馆、电影院、综合医院、街区福利院等服务为辅助对象，提供更加完善的服务。如图 1.19 所示，为西安书院门的陕西省西安附属小学，图 1.20 为改造后的老旧街区运动设施。

1.3.3.3 生态环境重塑

在生态环境方面，重构规划应以可持续发展为理念，以改善街区环境为主要目标，统筹布置街区的绿地布局，注重以"点"带"面"、以"线"带"面"、以"小面"带"大面"，以点状小游园为主，以带状绿地为辅，形成网状绿化景观，实现生态环境点线面的协同更新，如图 1.21 所示。对于街区既有自然人文景观加以修复和改造，与城市游憩系统实现有效衔接。

图 1.19　西安书院门小学

图 1.20　改造后的老旧街区运动设施

1.3.3.4　街区文化传承

在街区文化传承方面，重构规划应以历史记忆、民俗乡约为基础，不断挖掘潜在的文化内涵。引导居民创造自己的文化空间，打造具有地域特色的地标地物。同时，保留街区既有历史建筑，以文化创新引领街区发展，打造街区文化产业，激发文化活力。如图 1.22 所示，为成都少城文化墙。

图 1.21　绿地景观

图 1.22　成都少城文化墙

1.4　老旧街区韧性空间重构规划内涵

1.4.1　老旧街区韧性空间重构规划概要

老旧街区韧性空间重构规划是对老旧街区如何从容应对城市不确定风险的积极探索。我国老旧街区存量巨大，涉及居民众多，影响范围较广，因其建设年代久远，空间环境差，空间使用情况混乱，各项功能衰退，因而空间脆弱性极强，是城市公共安全最薄弱区域之一，而以前针对老旧街区的改造建设存在重住宅建筑结构轻户外空间的环境承载力、重防灾设计指标的制订忽视应对不确定风险的街区建设等问题。因此，本书将抽象的"韧性"理论转译为具体的表达载体，构建老旧街区韧性空间重构规划的理论体系，提出韧性理论指导老旧街区空间重构规划的普适性策略，为居民提供一个稳健的、有助于应对不确定风险的空间环境。

1.4.2 老旧街区韧性空间重构规划框架

通过对老旧街区、韧性空间、重构规划三个要素的分析和归纳，整理出老旧街区韧性空间重构规划框架，如图 1.23 所示。

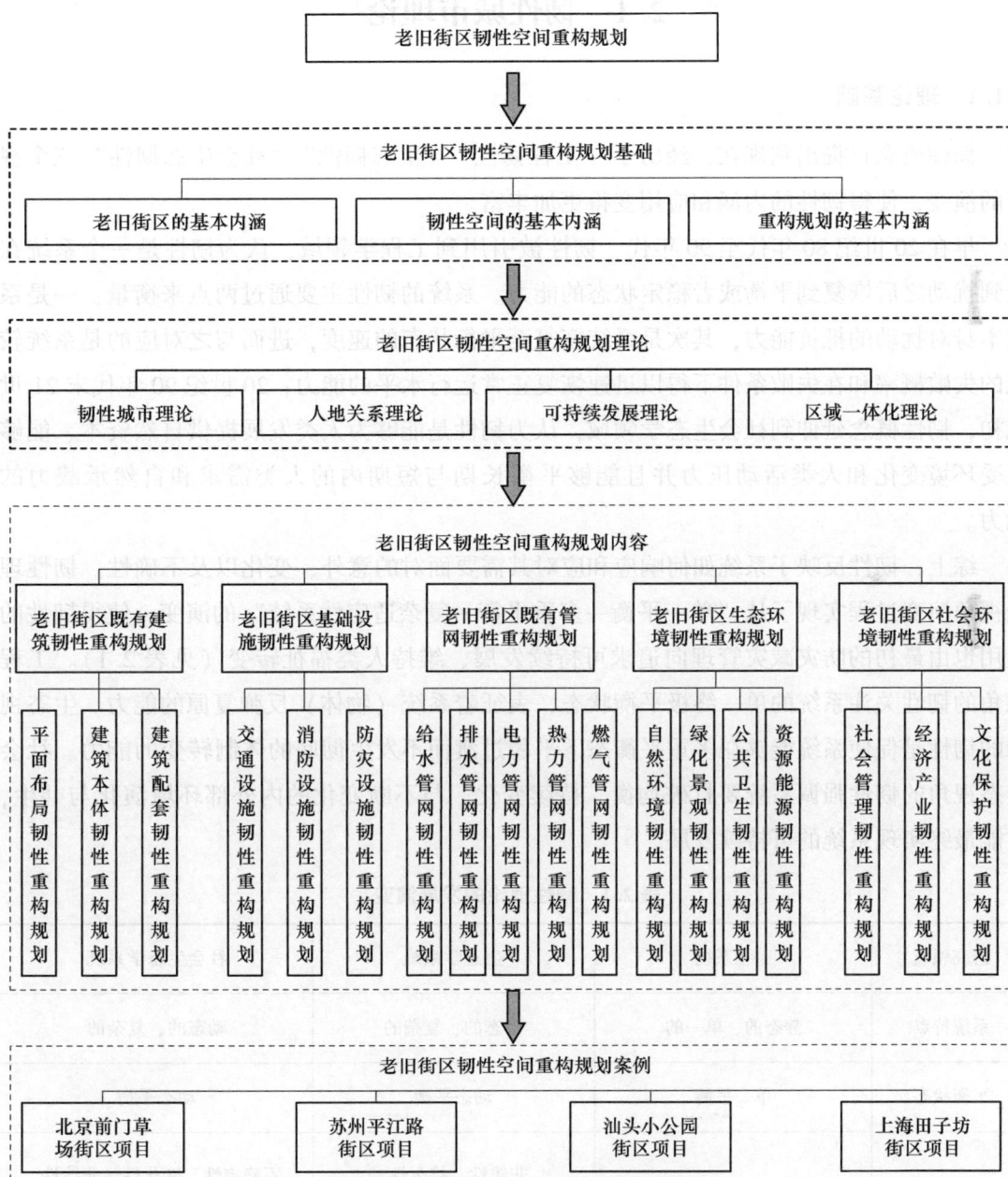

```
                    老旧街区韧性空间重构规划
                            ↓
                老旧街区韧性空间重构规划基础
    ┌──────────────┬──────────────┬──────────────┐
    老旧街区的基本内涵  韧性空间的基本内涵  重构规划的基本内涵
                            ↓
                老旧街区韧性空间重构规划理论
    ┌─────────┬─────────┬─────────┬─────────┐
    韧性城市理论  人地关系理论  可持续发展理论  区域一体化理论
                            ↓
                老旧街区韧性空间重构规划内容
```

老旧街区既有建筑韧性重构规划	老旧街区基础设施韧性重构规划	老旧街区既有管网韧性重构规划	老旧街区生态环境韧性重构规划	老旧街区社会环境韧性重构规划
平面布局韧性重构规划 / 建筑本体韧性重构规划 / 建筑配套韧性重构规划	交通设施韧性重构规划 / 消防设施韧性重构规划 / 防灾设施韧性重构规划	给水管网韧性重构规划 / 排水管网韧性重构规划 / 电力管网韧性重构规划 / 热力管网韧性重构规划 / 燃气管网韧性重构规划	自然环境韧性重构规划 / 绿化景观韧性重构规划 / 公共卫生韧性重构规划 / 资源能源韧性重构规划	社会管理韧性重构规划 / 经济产业韧性重构规划 / 文化保护韧性重构规划

```
                            ↓
                老旧街区韧性空间重构规划案例
    ┌──────────────┬──────────────┬──────────────┬──────────────┐
    北京前门草场街区项目  苏州平江路街区项目  汕头小公园街区项目  上海田子坊街区项目
```

图 1.23 老旧街区韧性空间重构规划框架

2 老旧街区韧性空间重构规划理论

2.1 韧性城市理论

2.1.1 理论基础

韧性概念自提出到现在，经历了"工程韧性""生态韧性""社会生态韧性"三个视角的演变，使得韧性的内涵和应用变得更加丰富。

早在 20 世纪 80 年代至 90 年代，韧性被引用到工程学领域，认为韧性是一个系统在受到扰动之后恢复到平衡或者稳定状态的能力。系统的韧性主要通过两点来衡量：一是系统本身对扰动的抵抗能力，其次是系统恢复至平衡状态的速度，进而与之对应的是系统较低的失败概率和在失败条件下得以迅速恢复正常运行水平的能力；20 世纪 90 年代末 21 世纪初，韧性概念延伸到社会生态学领域，认为韧性是能够为人类发展提供自然资本、能够承受环境变化和人类活动压力并且能够平衡长期与短期内的人类需求和自然承载力的能力。

综上，韧性反映了系统如何响应和应对其需要面对的意外、变化以及不确性。韧性理论视角演变过程实现了从"单一平衡—多重平衡—复杂适应性系统"的演变，使得韧性的应用也由最初的防灾减灾管理向追求可持续发展、维持人类福祉转变（见表 2.1）。工程视角的韧性关注系统的单一终极平衡状态，表征着系统（物体）反弹复原的能力。生态视角的韧性是促使系统能够在多重平衡态下平稳过渡而不发生彻底的体制转变的能力。社会生态视角的韧性强调系统要打破均衡、持续变化、与不断变化的内外部环境演化与共生，才能最终实现系统的可持续发展。

表 2.1 韧性理论的发展演变

研究领域	工程系统	生态学系统	社会生态学系统
系统特点	静态的、单一的	动态的、复杂的	动态的、复杂的
平衡状态	单一平衡	动态平衡	动态平衡
系统韧性特征	效率、恒定性、可预测性	非线性、持久性、变化性、不可预测性	不确定性、变化性、非线性、持久性、自组织性、不可预测性

研究领域	工程系统	生态学系统	社会生态学系统
系统防灾模式	被动的	被动的	主动的
系统韧性表现	恢复能力	抵御能力、适应能力、	抵御能力、适应能力、学习能力、转换能力、自组织能力

　　随着研究的深入和发展，环境学者、生态学者、区域规划学者等开始陆续关注城市系统应对复杂灾害的韧性问题。从此，韧性逐步应用于解释城市系统应对灾害冲击和压力的适应性问题。韧性理论引入城市学科后，其概念结合地区、国家、省域和城市层面的各级规划探索得到进一步丰富。联合国减灾署在亚洲城市应对气候变化韧性网络（Asian Cities Climate Change Resilience Network，ACCCRN）项目中对韧性的定义基本遵循进化范式，认为韧性应具有冗余性、灵活性、重组能力和学习能力。地震应急倡议组织《城市韧性总体规划》、日本《国土强韧性政策大纲》及荷兰《格罗宁根省空间规划》中对韧性的定义则更贴近非平衡范式（见表 2.2）。

表 2.2　韧性理论概念演进

	平衡范式	非平衡范式	进化范式
特征	单一线性	复杂非线性	动态循环
稳态	单一稳态	多稳态	持续动态
目的	恢复原本稳态	通过缓冲达到新的稳态	通过学习实现动态适应
图示			

2.1.2　发展进程

　　21 世纪初时，"韧性"相关理念和研究文献开始在城市规划专业领域爆发式增长。国内外相关学者和学会结合城市系统的特征和发展情况，逐步开拓出"韧性城市"的研究新领域。2001~2007 年间主要是韧性城市转换与适应的研究期。这一时期，韧性的概念刚刚由生态学领域引入城市研究，学界尚处于认识和学习韧性概念的过程。部分研究将韧性视作适应系统的研究分支，沿用了适应循环、适应能力等说法或对韧性和适应能力进行概念比较，韧性概念因包含应对能力、适应能力和转型能力等方面的丰富意义而广受关注并首度出现研究热点。而随着研究差异逐渐凸显，适应系统研究逐渐开始以"扰动后更新、再生、重组"等概念取代"韧性"一词。

　　2008~2014 年间，主要针对韧性城市中的气候变化研究较多。全球气候变化促使应对气候变化的韧性城市规划研究得到学者的普遍关注。研究主要包括韧性框架的补充、次生灾害的应对、从生态与社会视角增强城市应对气候变化的韧性。2015 年至今为城市生态研究期。韧性城市理念始终与生态学密切相关。这一时期的研究从生态和景观视角出发，证实生态在应对气候变化与城市韧性构建的重要作用。

由此，当前对于韧性城市的研究，开始逐渐演化为城市系统在对各类不可预知、突发性的、大量的灾害及气候问题时的适应及处理问题，见表 2.3。

表 2.3   韧性城市研究发展的内容

时间	发 起 者	重 点 内 容
2002 年	倡导地区可持续发展理事（ICLEI）	"韧性"理念融入城市防灾减灾
2005 年	第二届世界减灾会议	"韧性"进入灾害领域
2013 年	美国洛克菲勒基金会	开展"全球 100 韧性城市项目"
2015 年	地震应急行动机构（EMI）	发布《城市韧性总体规划》，为发展中国家提供灾害应对思路
2020 年	《中共中央关于制定国民经济和社会发展第十四个五年规划和二〇三五年远景目标的建议》	韧性城市理念应结果国情，在我国城市建设中实行，并结合国家治理体系综合建设

国际上对韧性城市规划的研究形成了地方抗灾韧性（Disaster Resilience of Place，DROP）理论模型、RCPF 韧性城市规划框架、联合国国际减灾战略（United Nations International Strategy for Disaster Reduction，UNISDR）仙台框架等较系统的理论研究。此外，还研究构建了针对不同主题的理论框架，如针对社会生态系统、居民健康以及气候适应的韧性框架等，相关理论研究还在不断细化深入。

国内研究起步较晚，且研究局限在韧性理论的概念及城市规划方面。相关概念和框架多借鉴自国际研究，在此基础上，也尝试构建针对性的理论框架，如：参照仙台框架构建的城市巨灾风险综合管理框架、应对气候变化的韧性城市规划管理框架、雨洪韧性理论框架等。随着韧性理念接受度的提高，开展韧性理论的本土化探索，2011 年，多个城市一起加入主题为"让城市更具韧性"的运动中，大会讨论并通过了《让城市更具韧性"十大指标体系"成都行动宣言》。2012 年，北京大学举办了以"弹性城市"为主题的年度论坛，旨在探讨城市系统在资源枯竭、气候变化的大背景下，如何保持社会、经济等多方面弹性的适应力。此外，在城市层面也开展一定项目实践，但多建立在综合防灾的基础上，缺少对省域及国家尺度的研究，如：北京城市副中心和上海浦东新区在综合防灾减灾规划中对提升城市韧性的响应、武汉对生态敏感地区新城韧性建设的探索等。

2.1.3 理论核心

关于韧性城市的基本特征，不同的学者也有不同的研究。Ahern 认为韧性城市特征应具备五点：多功能性、生态和社会的多样性、冗余度和模块化特征、有适应能力的规划和设计、多尺度的网络联结性；Allan 和 Bryant 提出了韧性城市具备七个主要特征：多样性、变化适应性、创新性、模块性、社会资本的储备、迅捷的反馈能力及生态系统的服务能力；Marta 总结出韧性城市的 5 个最重要的特征，即多样性、反馈的紧密性、创新性、模块化、社会凝聚力。总体看来，韧性城市系统应具备冗余性、模块化、多样性、联结性、高效性、灵活性、鲁棒性、适应性等特点。

冗余性要求：系统在一定程度上应预留额外的储备能力，一般以备用设施模块的形式出现，在时间上对冲击进行缓解、在空间上对潜在风险进行分担，减少扰动对系统造成的损失。总之，冗余性强调的是当系统局部受到冲击时，备用或额外储备部件可以进行补充，确保必要的功能，以防整个系统崩溃。

模块化要求：系统的组成部分采取标准化模块，在此前提下，即使某个模块发生故障，其余模块可快速替换，减轻故障对系统的冲击。如城乡空间中，往往以标准化、可复制的空间布局方式，重复性分布在潜在冲击显著之处，如黄河滩区层层砌筑的各级防洪堤坝、堤坝偎水一侧重复砌筑的丁坝，以及丁坝上备用的防汛石料。

多样性要求：第一，城市功能应多元化，即城市系统应具有混合与叠加功能，单一化会导致要素间联络受阻；第二，面对冲击的多种选择的可能性，通过要素多元化构成的多种可能，提升应对冲击的兼容特征，减轻扰动的冲击破坏；第三，社会生态多样化，在危机之下，社会组织和城市系统的多样性能提供更多信息，为解决问题提供更多思路。

联结性要求：城乡二元结构间应建立多种便捷的联系方式，如建立产品、资源、信息、客流联系通道。一方面，当城乡系统局部受到冲击时，通过快速调动系统内部资源，及时补充缺口；另一方面，为区域合作发展提供有效的物质、信息通道，实现系统部件间的相互扶持与协作。

高效性要求：面临外界冲击时，城乡系统应具备高效的调度和协调的能力，灾害发生后应具备快速响应能力。因此，在城乡系统管理中，就应提前安排突发情况应急预案、人员和物资调动预案等，通过动态过程对风险提前预判、倡导扁平化的组织结构，进而提高应急指挥效率。

灵活性要求：针对城乡空间的各类潜在风险，应具备相适应的具体应对策略，确保城乡空间面对扰动时做到有的放矢；对于城乡空间发展过程，具有因地制宜的差异化特色发展路径，城乡建成环境与产业空间，应具有灵活可变的空间使用方式，面对外部市场变化可应运而产生与之匹配的使用新需求。其灵活性不仅表现在强调因地制宜的物质空间环境的构建上，还表现在提倡社会机能的灵活组织上，从灾难恢复的过程中，宜通过灵活的机制促进灾后恢复的能力。

鲁棒性要求：即坚固性，要求系统具备抵御一定程度的物理性破坏的能力。因此，系统必须具备足够强度的硬件设备设施，同时要明确硬件设施的强度阈值，以便抵御冲击时能准确判断系统处境。

适应性要求：系统在应对外界冲击的全过程中，发挥学习能力、吸取教训、及时革新，促进系统进入新的平衡状态，为更加有效地应对未来类似冲击积累经验。

2.2 人地关系理论

2.2.1 理论基础

2.2.1.1 人地关系研究对象

人地关系研究中研究对象"人"已达成普遍共识，其指的是社会性的人，具体而言就是在一定的生产方式下从事各种生产、社会活动的人，主要强调人在从事这些活动过程中有意识地与自然进行物质交换并组成社会，在一定地域上活动着。

人地关系研究对"地"的划分存在两个层面：一是狭义的自然环境，该层次中地理环境与自然环境为同义语；二是广义的地理环境，该层次中地理环境不仅包括岩石圈、水圈、大气圈、生物圈组成的无机与有机自然要素，还包括人类活动所衍生出的社会、文化、经济地理环境。这两种层次不是相互独立的，在某些方面存在交叉和重叠，20世纪90年代以后，大规模的城镇化和经济高度增长致使自然结构和经济社会结构产生剧烈变化，区域人类活动对人地系统的影响愈加强烈，在以可持续发展为目标的人地关系研究时，"地"的实际含义已不再局限于自然环境的范畴，人类影响下的环境变化逐渐成为主要研究对象。因此，现今人地关系研究对象包括自然和人文地理环境两部分。

2.2.1.2 人地之间的客观关系

基于人地关系当前研究，人地之间的客观关系有两个层面：一是"人"的主动性。人地关系发展过程中是否协调主要取决于人，为了满足生存和日益提高的发展需求，人类不断加深和扩大对地理环境的改造利用，增强自身对于环境的适应能力，但人类并不能完全支配地理环境，作为理性的人类在主动尊重并适应自然的前提下，应当作为地理环境的一个有机组成部分，学会正确地认识人类与自然的关系，约束自己对地理环境的利用与改造。二是"人"依赖地理环境。客观地讲，无论人类社会如何发展，无论是原始社会还是现代社会，人类依赖地理环境这一点是不会改变的，而差异只是深度和广度层面。地理环境是人类赖以生存的物质基础，对人类活动的地域特性及差异有着深远影响。"人"对地理环境的依赖程度主要取决于人类自身对自然的认识和改造能力，在人口质量水平保持一定的情况下，地理环境对于人类的数量、质量及活动形式的容纳存在一定限度。

2.2.1.3 人地关系内涵

从人地关系内涵来讲，人地关系伴随着人类社会进程不断发展。对人地关系的理解和派生如图2.1和图2.2所示。在农业社会时期，由于人类对自然环境依赖性较强，生产、生存及社会活动均受自然资源的制约，人地关系研究偏重于自然地理环境作用和影响，这一阶段占决定地位的是天命论、地理环境决定论等思想，人类活动与自然保持协调，并非对立关系。在工业社会阶段，生产力取得飞快发展、人口规模的增大及人类社会的大幅进步，使得人类对地理环境的改造和利用程度加深，人地关系研究偏重于人的主观能动性，这一阶段"人类中心论"和"人定胜天"逐步占据主导地位。由于过分强调人类的主观

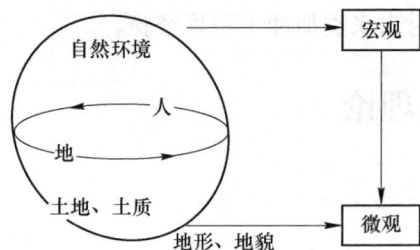

图 2.1　人地关系的理解

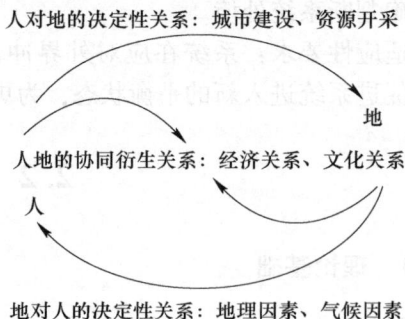

图 2.2　人地关系的派生

意志，人类社会为了一己私欲，加大了对自然环境的掠夺，经济社会的发展逐步违背自然环境的客观规律，至 20 世纪下半叶，全球资源短缺、气温变暖、生态变坏和环境恶化等诸多问题的出现，已严重威胁到人类社会的生活、发展甚至生存，一些国家、组织及学者开始反思人类发展的经验教训，并开始探索人类社会发展的新模式，寻求人与自然的和谐发展。

2.2.2 发展进程

西方近代地理学着重从不同角度入手探讨地理环境演变、分布规律与人地关系的内在规律，从 18 世纪末开始先后出现了人地关系理论的多个代表性学说。

受拉马克（J. B. Lamarck）、达尔文（C. R. Darwin）"进化论"的影响，以 18 世纪末法国孟德斯鸠（C. Montssquieu）和 19 世纪末德国拉采尔（F. Ratzel）为代表的学者形成"地理环境决定论"学说（Ratzel，1882；孟德斯鸠，1961），过度强调人类活动受制于地理环境，片面夸大地理环境的力量，忽视技术进步对人口产生的积极作用。

20 世纪初，法国白兰士（Paul Vidal da la Blache）和白吕纳（Jean Brunhen）发展了或然论学说，从区域角度研究人地关系，认为人地关系是相对而不是绝对的，人类能够选择性地改变和调节自然现象，人类改变自然的能力越大则二者关系越密切。美国地理学家巴罗斯（H. H. Barlows）在美国地理学者协会会刊上发表《人类生态学》一文，主张地理学应以自然环境与人类分布、人类活动之间所存在的关系作为研究目标，致力于人类生态的研究，从而提出"生态论"的人地观。

在 20 世纪中叶，人们普遍关注环境质量问题，且对人类活动造成的生物多样性减少和生态系统破坏有了初步了解，因此生态论受到地理学者的重视，形成人地关系的生态学研究方向。英国地理学家罗士培（P. M. Roxby）受"或然论"影响提出人地关系的"适应论"（或称协调论），认为自然环境与人类活动之间存在相互作用，主张应当从人类对自然环境的适应性进行研究。该人地观既包含自然环境对人类活动的限制，也包括了人类社会对自然环境利用和使用的可能性。

20 世纪 70 年代以后，随着全球环境问题日益严重，人地矛盾不断加剧，人类社会传统发展模式所产生的经验与教训引起各国政府和社会公众广泛关注，国外地理学家愈加注重将自然要素和人文要素统一起来进行人地关系地域系统的研究，强调采用社会—环境动力学来刻画人地系统运行特点。国外人地关系理论发展进程见表 2.4。

表 2.4　国外人地关系理论发展进程

时间	理论	代表人物	主要观点	简要评价
18 世纪末	地理环境决定论	孟德斯鸠、拉采尔	强调人类活动受制于地理环境	片面夸大地理环境的力量，忽视技术进步对人口产生的积极作用
	人口论	马尔萨斯	强调人口繁殖对社会发展的抑制作用	夸大了人地关系中的人口要素

时间	理论	代表人物	主要观点	简要评价
19世纪中、后期	科学的人口论和人口经济理论	马克思、恩格斯	把人口问题置于整个社会经济中考察，提出了"人口生产"要适应"物质生产"的原理	在批判马尔萨斯人口论的基础上建立了科学的人口论和人口经济理论
20世纪初	人地关系或然论	白兰士、白吕纳	认为人地关系是相对而不是绝对的，人类能够选择性地改变和调节自然现象	以心理因素来说明人地关系，忽视生产方式在社会发展中的作用
	文化景观论	吕特尔、索尔	文化景观为人类活动施加在自然景观上的形态	强调通过实际观察地面景观来研究区域地理特征
20世纪20年代	生态论	巴罗斯	人是中心命题，应该注意人类对自然环境的反应	强调了人地关系中人对环境的认识和适应
20世纪30年代	适应论	罗士培	自然环境与人类活动之间存在相互作用	指出自然对人类活动的限制，也说明人类对社会环境的作用的可能性
20世纪80年代	可持续发展	《我们共同的未来》	既能满足当代人的需求，又不对后代人满足需求的能力构成危害的发展	把地理环境和人类发展纳入了统一的框架，针对人类需求而言意味着保持（可持续性）和转变（发展）之间的动态平衡

我国人地关系科学化的研究起步于20世纪初期，而近代人地关系研究的初构阶段则从20世纪40年代开始，20世纪50~70年代则出现中断，人文地理学一度遭到否定，地理学的自然研究与人文研究出现严重割裂，人地关系研究停滞不前。自20世纪80年代后，人地关系的研究开始活跃，人地关系在理论体系的构建和科学体系的建立方面得到显著发展。

20世纪90年代，吴传钧院士首次将系统论思想引入地理学研究中，指出人地系统是由人类活动和地理环境两个子系统交错构成的复杂开放的巨系统，也就是人与地在特定地域中相互联系、相互作用而形成的一种动态结构，不仅构建了人地关系地域系统理论及其内容框架体系，还确立了人地关系地域系统是地理学研究的核心这一思想。

在此以后，一些地理学者对人地关系地域系统的理论和方法进行了相关探讨，进一步深化对其理论内涵的认识。陆大道院士指出人地关系地域系统是地理学研究的核心。毛汉英进一步提出人地关系地域系统是区域可持续发展的理论基础，是区域可持续发展由基础研究转向实践应用的理论基石。叶岱夫则在此基础上探讨了人地关系地域系统与可持续发展的相互作用机理。

　　人地关系地域系统强调人地要素在空间上具有一定地域范围，将人地关系研究具体落实到地域，从方法论转变为实证对象，为人地关系能被广泛接受建立了科学前提。部分学者从人地关系的研究范式、动力作用机制、地域分异和演变规律等方面进行分析，探讨了人地关系发展的演变规律和基本原理。也有学者提出人地渗透律、人地矛盾律、人地互动律、人地作用加速律和人地关系不平衡律一系列概念，将人地关系基本原理总结为土地承载力限制与超越原理、人地关系关联互动原理，尝试揭示人地关系研究趋势与基本规律。随着人地关系理论的进一步发展，多种人地关系理论不断出现，逐步形成理论体系，如人地系统协调共生与耦合优化理论主要包括人地系统优化论（蔡运龙，1995）、人地关系协同论（艾南山等，1996）、人地协调共生论（方创琳，2000）、人地协调阶段论（郭跃等，2001）等。国内人地关系理论发展进程见表 2.5。

表 2.5　国内人地关系理论发展进程

时间	理论	代表人物	主要观点	简要评价
1991 年	人地关系地域系统	吴传钧	人地关系地域系统是以地球表层一定地域为基础的人地关系系统	构建了人地关系地域系统理论及其内容框架体系，确立了人地关系地域系统是地理学研究的核心这一思想
1995 年	人地系统优化论	蔡运龙	环境对人类需求的支持能力是有一个自然极限的，在此极限范围内，人类文化调节可实现人类生态系统的持续性	提出人地系统优化的途径是把人类需求控制在系统承载力之内，以市场机制协调资源的供需矛盾
1996 年	人地关系协同论	李后强、艾南山	将人地关系模型化、定理化，以便更深入地研究人地系统中各种复杂作用与制约机制，从而提出调控对策	研究社会与自然协调发展规律的科学，着重探讨人地复杂系统健康发展的内在机制及路线方针
1998 年	人地关系地域系统	郭来喜、陆大道	地球表层系统研究的核心是"人地关系地域系统"	确认了地理学研究对象实际上都存在于地球表层系统之中
1999 年	PRED 协调	毛汉英	人地关系地域系统是区域可持续发展的理论基础	使区域可持续发展由基础研究转向实践应用的理论基石
2002 年	人地关系论与可持续发展	叶岱夫	人地系统本身也必须得到发展，这样才能促进可持续发展内涵的丰富化与哲理化	探讨了人地关系地域系统与可持续发展的相互作用机理

　　综合来看，人地关系是一个多学科交叉研究的领域，从研究尺度上看，它重点解决区域宏观问题，为政府、企业的宏观决策服务。由此，以人地关系的整体视角，突出以人为

本的发展理念，来研究城市的发展基础、发展水平，以及发展路径，将更加符合当今区域发展的现实需求。

2.2.3 理论核心

不同的历史时期人地关系呈现不同的水平，进而产生不同的人地关系理论。在采集狩猎时期，人类只能完全依赖自然；农业时期，伴随劳动工具的广泛使用，人们逐步向自然不断地索取；到了工业时期，由于人类对自然过度开发，对大自然的破坏在不断地加剧；到20世纪90年代，人们意识到环境问题的严重性，开始关注人地关系的和谐发展。人地关系演变如图2.3所示。

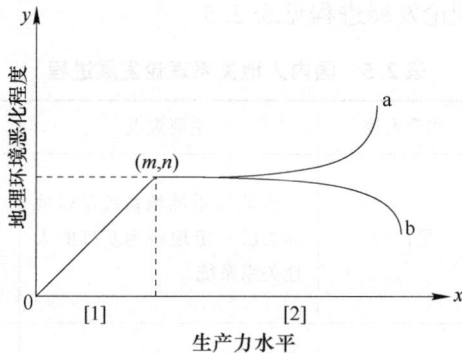

图 2.3 人地关系演变

图中函数图像分为两部分：即［1］和［2］，函数关系如下：

$$f(x) = \begin{cases} kx & 0 \leqslant x \leqslant m \\ h(x-m)^2 + n & x > m \end{cases}$$

2.2.3.1 原始社会到现阶段的人地关系演变

k 的取值有四种情况，详细分析如下：

（1）当 $k=0$ 时，人类社会对地理环境几乎未造成任何破坏，人类关系处于原始的狩猎阶段，由于劳动工具未发明，人类完全依赖自然环境，因此人地关系呈现为最原始的和谐状态。

（2）当 $0<k<1$ 时，随着生产力水平逐步提高，人类对地理环境恶化程度也逐步提升，且生产力发展水平要快于环境恶化程度，在这一阶段社会发展突飞猛进，人类为追求自身发展，对自然地理环境的需求越来越多，导致破坏越来越严重，直至某一时期人类开始意识到环境问题的严重性，此时人类开始追求人地关系的和谐发展，而不再盲目地索取。

（3）当 $k=1$ 时，函数图像处于拐点 m 处，意味着环境恶化程度与生产力发展水平相当，这一阶段正是人类开始发展工业的时期，人类意识聚焦于发展层面，不择手段向人类赖以生存的自然环境索取资源谋取利益，环境的破坏逐步加重，但这一阶段环境尚能自我恢复。这一阶段即工业化阶段，此时出现的是或然论的人地关系理论。

（4）当 $k>1$ 时，即斜率大于1，地理环境恶化程度要快于生产力发展水平，这一时期人类不再一味地依赖自然环境，开始学会了发明利用劳动工具并进行生产劳作，人类通过自身的劳动去有意识地改变生活条件，慢慢地人类活动开始对自然环境产生破坏，环境恶化加速，这一时期人地关系理论是地理环境决定论。

2.2.3.2 人地关系未来发展趋势

伴随生产力水平的提高，未来时期人地关系发展将逐步呈现两个趋势，一是环境恶化程度加剧，二是自然环境日趋向好，生产力发展水平与环境恶化程度达到平衡。这两种发展趋势表现为图2.3中第［2］部分函数图像。

（1）当 $h<0$ 时，曲线开口向下（即曲线 b）。随着科学技术的日益进步，经济的不断发展，人类对自然的开发产生了新的方式，有些曾经被污染或破坏的环境被人类改造并逐渐恢复绿色。因此未来的生态环境恶化程度会逐步减缓，生产力发展与环境恶化程度会呈现平衡发展的状态，人地关系发展总体向好。

（2）当 $h>0$ 时，曲线开口向上（即曲线 a）。随着生产力的发展，人类盲目地追求自身利益，肆意开发自然环境，忽视自然规律，导致地理环境遭到严重的破坏，生态环境恶化严重，人地关系发展日益恶化。

从图2.3可以发现，在人地关系演变过程中，"人"和"地"的相互作用在不断发生变化，随着生产力的发展，环境在不断变化，而在每个演化阶段都会出现相应的演变理论。但是，伴随科技的进步和政府对环境保护的宣传重视，人类社会将越来越重视环境保护工作，会积极主动地保护自然环境，人与自然会朝着第一种趋势发展，最终达到人地关系的可持续发展。

2.3 可持续发展理论

2.3.1 理论基础

工业革命以来，由于生产力的快速发展和科学技术的迅速进步，人类对自然资源的需求不断提高，排放的污染物不断增长，导致自然环境遭到严重破坏，经济社会发展与环境、资源的矛盾日益突出，这些不良影响促使人类去反思自身行径，去探索新的发展模式，可持续发展理论正是在这样的大背景逐步形成的，人类活动对自然环境的破坏如图2.4所示。

图2.4 人类活动对自然环境的破坏
（a）人类活动对空气的污染；（b）人类活动对水的污染

可持续发展思想起源于人们对环境、资源问题的反思和关注。1962 年，美国生物学家 Rachel Carson 在其著作中揭示了农药、化肥对人类环境的破坏，引发了人们关于发展观念的争论。1972 年，长篇报告《增长的极限》利用系统动力学方法就人类社会发展的困境建立世界模型，探索了人们关切的五种趋势：加速工业化、普遍的营养不良、快速的人口增长、恶化的环境以及不可再生资源的耗尽；并得出人口和资本的快速增长将最终导致人类社会"灾难性的崩溃"的结论。1980 年，《世界保护战略：可持续发展的生命资源保护》报告的发布，首次提出可持续发展的概念，指出可持续发展必须考虑到社会、生态以及经济因素，必须考虑到生物与非生物的资源基础，必须考虑到长期或短期的优劣。1987 年，联合国提交的题为《我们共同的未来》的报告中，正式提出了可持续发展概念和模式。1992 年，联合国环境与发展大会通过了《世纪议程》，该议程明确地把发展与环境密切联系在一起，由此可持续发展思想走出理论探索阶段，从环境保护、资源管理、科学技术等方面提出了可持续发展的战略和行动。至此，可持续发展思想成为全世界范围内共同认可的发展理念，各国纷纷开展相关研究。

2.3.2 发展进程

由于可持续发展涉及环境、自然、经济、社会、科技等诸多领域，不同的学者研究的侧重点不同，对可持续发展的理念的定义也不同，总结比较有影响的观点如下：

（1）基于自然属性定义的可持续发展。基于自然属性定义的可持续发展研究强调自然资源与开发利用二者间的平衡。1991 年，国际生态学协会和国际生物科学联合会联合举行关于可持续发展问题的专题研讨会，进一步深化了可持续发展概念的自然属性，认为可持续发展是：保护和加强环境系统的生产和更新能力。即认为可持续发展是寻求一种最佳的生态系统以支持生态的完整性和人类愿望的实现，使人类的生存环境得以持续。

（2）基于社会属性定义的可持续发展。基于社会属性定义的可持续发展强调以人类社会持续发展为目标，既包括改善生活质量、提高健康水平以及改变获取资源的方式，也包括构建一个平等自由的社会环境。该观点认为可持续发展概念为人类应该在满足生态系统可承受范围内，提高自身的生活质量。

（3）基于经济属性定义的可持续发展。基于经济属性定义的可持续发展强调经济发展是可持续发展的核心。爱德华巴比尔认为可持续发展是：在保持自然资源质量和为人类提供服务的前提下，使经济净利益增加达到最大限度。此外，还有学者将可持续发展定义为：资源的使用不能以减少未来的实际收入为代价。可见，该观点强调经济发展的核心地位，但前提是不能以破坏自然资源和环境为代价。

（4）基于科技属性定义的可持续发展。基于科技属性定义的可持续发展认为目前资源破坏和环境污染的根源在于技术水平较低。该观点认为可持续发展就是人类应快速提高科学技术水平，促使社会采取研究清洁、更加有效的技术，采取接近"零排放"或"密闭式"的工艺方法，最终减少对环境的破坏和对资源的浪费。

（5）基于综合性定义的可持续发展。1989 年的"联合国环境发展会议"专门为"可持续发展"的定义和战略通过了《关于可持续发展的声明》，认为可持续发展的定义和战略主要包括四个方面的含义：1）走向国际和国际平等；2）要有一种支援性的国际经济环境；3）维护、合理使用并提高自然资源基础；4）在发展计划和政策中纳入对环境的关注和考虑。

目前，虽然各个研究对可持续发展的概念未达成一致，但各种定义基本都涉及人口、环境、资源、经济、社会与科技等方面，强调各个方面的协调发展。

2.3.3 理论核心

可持续发展的理论核心主要包括以下几个方面，见表2.6。

表 2.6 可持续发展理论核心主要体现

核心体现	具体内容
共同发展	从系统的角度出发，地球系统包含各个国家子系统，国家系统包括各个区域子系统，区域系统包括各个产业子系统。系统的整体性决定了系统内部各个子系统相互联系并发生作用，如果一个子系统发生问题，就会直接或间接影响到其他子系统甚至导致整个系统发生紊乱。因此，可持续发展追求的是各国家、地区级产业之间的整体和协调发展，即共同发展
协调发展	协调发展包含三个层面：第一，经济系统、社会系统、环境系统之间的协调发展；第二，世界、国家和地区三个空间层面的协调发展；第三，人口、经济、社会、环境与资源之间的协调发展
公平发展	公平发展包含两个维度的含义：首先是时间纬度上的公平发展，也就是当代人的发展不能以损害后代人的发展为代价；其次是空间纬度上的公平发展，即某个国家或地区的发展不能以损害其他国家或地区的发展为代价
高效发展	高效发展就是要注重发展的效率，可持续发展的效率既涵盖经济意义上的效率，又包括自然资源与环境的损益。因此，可持续发展思想下的高效发展是指经济、社会、人口、资源、环境等多种因素协调下的发展
多维发展	不同的国家或地区的发展水平、政治体制、文化背景、资源环境等条件不同，因此，在制定和实施可持续发展战略时，各国或各地区应该从本国国情出发，走符合本国或本区域实际的、多样性、多模式的可持续发展道路

2.4 区域一体化理论

2.4.1 理论基础

1954年，荷兰经济学家 J. Tinbergen 最早提出区域经济一体化的概念，他认为区域经济一体化就是削弱和消除阻碍经济最有效运行的因素，通过相互协调与统一，创造最合适的经济结构。并将经济一体化划分为积极一体化和消极一体化，认为积极一体化是通过强制措施改变现状并建立新的自由政策和体系，而消极一体化是通过消除歧视和监管制度并实行经济交易自由化。1961年，美国经济学家 Beta Balassa 认为经济一体化既是一个过程，又是一种状态。"过程"主要表现为采取各类措施消除区域内不同参与者之间的歧视；"状态"主要表现为不同国家间各类形式差别的消失。但其定义仅从行为或手段的角度出发，并未具体描述经济一体化的目的和效果。而后，美国经济学家 Victoria Curson 则将"过程"描述为正在向完全一体化的成员国之间重新分配生产要素；对定义中的"状态"阐述为已完成一体化的国家之间生产要素最佳配置。经济学家 Peter Robson 强调经济一体化是一种手段而非目的，并认为其应具备三个特征：（1）在一定条件下，成员国之间歧视的消失；（2）维持对非成员国的歧视；（3）成员国之间就保持持久共同特征并限制单方面使用经济政策工具的努力达成共识。

国内对经济一体化的研究大多是在借鉴国外研究成果的基础上，再结合我国国情对区域经济一体化进行合理解释。主要有两大类：（1）以全球化为背景，研究跨国范围的区域经济合作；（2）针对国内经济发展较好地区进行研究，如长三角地区、珠三角地区等。

综合上述思想，区域一体化可定义为：两个及以上地理相对接近的国家或地区，通过谈判和缔结某些经济条约或协议形成的经济联盟，并按照约定好的政策和行为准则，沿着共同目标，实现该区域所有参与者的产品和生产要素的自由流动，进而对资源配置进行优化，促进专业化分工、发挥规模经济效益、开发生产技术并不断改善区域内各个主体的经济福利。

2.4.2　发展进程

区域一体化是指两个以上国家或地区经济体进行双边或多边经济、政治、社会合作的过程。这一理论的发展有着非常深刻的政治、经济和历史根源。首先是全球化改革趋势日益深化，为其发展奠定体制基础。国家、地区间的劳动分工、专业化生产日益加深，国际化程度不断提高，必然要求消除阻碍一体化发展的体制障碍。此外，世界贸易组织自身体制的局限性以及贸易谈判的挫折，大大刺激了区域一体化的发展。

越来越多的学者、专家逐步加入区域一体化理论的研究中，他们提出了许多具有前瞻性、建设性的真知灼见，不断推动区域一体化理论的发展，见表 2.7。

表 2.7　区域一体化理论及主要观点

代表人物	主　题	主　要　观　点
雅各布·维纳 （1950 年）	关税同盟	关税同盟对成员国和非成员国带来了静态效应和动态效应。静态效应包括贸易创造和贸易转移效应，贸易创造则福利改善、贸易转移则福利恶化。动态效应主要包括规模经济效应、竞争强化效应、投资扩大效应和技术进步效应等
斯巴克 （1956 年）	共同市场理论	依据完全竞争市场下的规模经济理论提出了共同市场理论。共同市场要求不仅实现了产品市场的一体化，而且要求实现要素市场的一体化
德纽 （1962 年）	大市场理论	研究消除劳动力和资本等要素自由流动的障碍后成员国所获得的竞争效应。一是建立大市场以获得规模经济。二是市场扩大使竞争激化，促成规模效益和技术利益

代表人物	主 题	主要观点
小岛清 （1978 年）	协议性国际分工理论	通过在共同体内实行协议性国际分工后，两国各自生产一种不同的产品，导致市场扩大、产量增加和成本下降
罗布森 （1980 年）	自由贸易区理论	罗布森在关税同盟理论基础上提出自由贸易区理论。由于自贸区的原产地规则无法阻止间接贸易偏转的存在，关税同盟与自由贸易区相比在静态经济效益上是次优的。自贸区对外实行统一关税，和贸易政策以消除区内贸易壁垒实现成员国之间的贸易自由化
温斯特 （1984 年）	差异化与市场垄断	区域一体化在有助于形成规模经济的同时，也有利于成员国产品的差异化和市场垄断力量的增强，从而提高其竞争力
克鲁格曼 （1995 年）	区域一体化中心与 外围地区产业发展	实行区域一体化以后，随着运输成本的下降，产业并不一定会从生产成本较高的中心地区转移到生产成本较低的外围国家，规模收益的原因可能使生产集中在成本较高但更为接近市场的地方更有效，一体化过程相反可能会阻碍外围地区产业发展
曼佐齐等 （2001 年）	内生增长模型	通过内生增长模型分析了一体化对成员国和非成员国的福利效应，若一体化促进了全球经济增长，非成员国也能得到总量小于成员国的增长利益
耶普尔 （2003 年）	贸易成本与一体化策略	联合一体化在潜在的东道国间产生的互补性对投资决策很重要。当区际贸易成本很低时，容易形成北一南型的垂直一体化策略。当区际贸易成本很高时，为北一北型的水平一体化策略；处于中等水平，则为两者共存的联合一体化策略
阿特蒙德 （2003 年）	多国家中心一外围模型	利用多国家中心一外围模型说明，随着区域一体化进程的加快，会使各种国际直接投资和区际贸易同时增长

2.4.3 理论核心

依据2019年国务院印发的《长江三角洲区域一体化发展规划纲要》的发展目标，区域一体化至少应包含市场一体化、产业一体化、交通一体化和公共服务一体化四个方面。其中，市场一体化是核心内容，其实质是通过优化和重组要素资源配置，进而实现区域经济快速发展；产业一体化是区域一体化的支撑主线，也是市场一体化的实现形式；交通一体化是实现区域一体化的基础条件；公共服务一体化是区域一体化的内生动力。这四个方面相辅相成，均为区域一体化不可或缺的组成部分。

（1）市场一体化。市场一体化的概念是由 Machlup 首次提出的，他认为完全的市场一体化是对市场上任何元素而言都是适度的流动性，此处的适度流动性意味着供应的特定部分可以自由流动而无需支付额外的成本。该定义适用于国家间的市场一体化，针对国内地区间的区域一体化，其定义主要有以下几种。林文益认为：在社会分工和商品经济高度发达的基础上，国内统一市场是指能把各地区的经济融合成一个相互依存的有机市场。其中，国务院发展研究中心课题组提出的概念得到了较高的认可度，即市场一体化是指整个区域内不同地方的市场主体的行为受到统一的供求关系调节，使"经济边界"逐步消失的过程。自我国分权化改革以来，我国区域经济一方面因各个地方政府相互竞争带来巨大发展动力，另一方面因为地方政府追求各自利益而引起的经济壁垒使得生产要素无法自由流动，从而阻碍了市场一体化的健康发展，造成了一定程度上的市场分割。简单来说，市场分割和市场一体化是一个问题的正反两面。

（2）产业一体化。产业一体化是区域一体化的支撑主线，是指在市场经济环境下，区域内城市通过产业合理布局、协同发展形成一个产业方向一致性、结构互补型的产业结构，促进生产要素自由流动，加速产业整合重组，从而提升区域整体的产业竞争力。

（3）交通一体化。交通一体化是区域一体化实现的基础条件，是指为了满足区域共同发展需求，建立跨区域的运输网络，通过交通基础设施的统筹发展，使得区域内交通资源要素能够优化配置，从而实现区域交通合理布局，为经济发展提供保障。

（4）公共服务一体化。公共服务一体化是区域一体化的重要基础，是一个过程也是一种制度安排，其主要目的是实现区域内基本公共服务均衡发展，政府通过设计一系列规章和制度来保障不同群体所使用的基本公共服务均等化，在教育、医疗、文化等方面通过规章制度来保障公民使用权，通过要素流动和资源共享来促进地区间服务均等化。公共服务一体化是区域一体化的内生动力，是缩小区域经济发展差距的重要抓手。

3 老旧街区空间与建筑韧性重构规划

3.1 空间格局韧性重构规划

3.1.1 韧性内涵

3.1.1.1 基本概念
A 空间格局
老旧街区的空间格局是时间持续积淀、空间有序生长而成的，一般包含三大体系：一是街道、建筑与周边山水形势的关系；二是街巷网络的布局形态、空间尺度及由其限定的界面空间；三是建筑布局的平面肌理，可以从自然地理环境、空间形态、视觉通廊等方面展开研究。空间格局体现了街区整体的文化价值，也影响街区功能的实现，在一定程度上决定着街区空间的安全性、包容性和可持续性发展。

B 空间格局韧性
空间格局韧性在于不随意改变历史形成的空间秩序基础上，通过提升空间应对突发危机的能力，使得街区在面对外界自然，经济，社会等环境的干扰和冲击影响下能够调整和适应变化，在风险面前依然能够井然有序，从而最大限度地保护好城市居民的生命财产安全和街区的运行。

3.1.1.2 空间格局韧性重构的意义
提升老旧街区的空间格局韧性，可使区域中的节点安全具有基础保障，是人居系统应灾抵抗力和恢复力的关键维度，也是空间韧性规划体系重要的实现维度。

3.1.2 现状梳理

3.1.2.1 安全性差
老旧街区多存在建筑密度高、空间尺度小、路网密度低、消防设施缺乏、防火间距不足等问题。相对的低租金常常吸引流动人口聚集。为了追求经济利益，房主甚至将一户住房拆成两到三户来出租，更有甚者私自在屋顶或屋前加建建筑，导致街区道路及院落空间被侵占，如图 3.1 所示。街区道路较窄，连通性差，有的甚至无法满足消防要求和疏散要求，避难场所缺失。随意停放的非机动车辆和非机动车，让原本狭窄的街道更加拥挤，还有消防通道被占等情况，增大了街区的安全隐患。

3.1.2.2 风貌遭破坏
老旧街区因为早期缺乏整体规划，后期使用过程中又自由发展，造成平面布局杂乱，街区用地不合理等问题。街道上水泥电线杆林立，电线杂乱无章；沿街店面随意地发展，色彩混乱，破坏原有的传统街景，如图 3.2 所示。一些新建的体量大、高度高的建筑物，对街区内的视觉通廊、天际线、文脉肌理造成破坏。

(a)

(b)

图 3.1 某老旧街道一角
（a）房屋加建建筑；（b）街区建筑密度较高

(a)

(b)

图 3.2 平面布局杂乱的老旧街区
（a）老旧街区平面布局杂乱；（b）老旧街区私搭乱建问题

此外，老城中部分"住宅小区"的开发也对城市原有格局造成了一定破坏。住宅小区更加注重住区内部空间的规划设计，却忽视了住区与城市之间的联系，使得传统邻里关系和生活方式开始改变，街道失去活力，造成了城市空间城市肌理的破坏。

3.1.2.3 功能业态单一

现今很多老旧街区的业态功能比较单一，或者由于建设年代已久，街区业态老旧，已经不能适应经济发展和居民需求。导致街区吸引力降低，需要重新置入新的业态类型，带动街区生机。要注意的是，社会经济功能业态的复杂可以为老旧街区带来更多的生活气息，但也可能使得街区内的安全隐患增多，矛盾问题交织。

3.1.3 韧性重构

3.1.3.1 平面布局韧性重构原则

A 功能多元、统筹布局

城市是人口高度集聚的产物，生活在城市中的个体对城市功能提出多种需求。能够很好地诠释城市多样性的地区多具备以下几个特征：（1）基本功能的混合；（2）创造小尺度街区；（3）开放性的街道；（4）不同年代建筑共存。位于城市中心区的老旧街区的设施功能布局不能忽略与城市空间之间的内在联系，需要通过统筹布局和规划，补充城市公共中心功能的不足，构成满足人们日常生活需要的服务设施体系。

B 保护文脉、人文主义

人文景观的破坏是当今社会面临的一个严峻的问题。随着文脉保护逐渐受到重视，人们开始重新审视和检讨从工业化时代以来做出的各种破坏城市文脉的更新改造活动。城市在发展的过程中，留下了很多非常宝贵的文化遗产，包括城市地理、历史、形态布局要素、建构筑物、历史事件以及生活习俗等，如图3.3所示。

图3.3 老旧街区的文化遗产
（a）西安书院门老牌坊；（b）壮族民俗风情表演

C 适度改造、因地制宜

城市作为一个具有复杂多样性特点的巨系统，区域化的发展形式创造了丰富多彩的城市风貌，不同地区的城市景观和人文内涵具有差异性。街区的空间总是在不断适应城市公共空间和城市住区的功能结构变化，从而做出自身的调整。因此，空间的改造要遵守因地制宜的原则，凸显地区特色，真正实现老旧街区的活力复兴，人居环境的改善。

3.1.3.2 街区平面布局的重构措施

A 安全高效——构建适灾防灾体系

空间布局对街区安全性有很大的影响。例如，网格状布局的路网结构在提升街区安全性方面具有较大的优势；在一定的区域范围内，城市街区单元划分越细，疏散避难场所分布越分散，安全性越高等。因而，在规划工作中，应加强灾害识别与灾害风险评估，编制韧性建设专项规划，综合考虑老旧街区的空间布局与形态、周边设施服务范围、空间利用率以及灾害发生时人们的行为模式等因素，通过有机组织整合，合理引导城市内部防灾空间和防灾附属设施的分布，并建设多层次避难场所和通道，构建适宜的空间适灾防灾体系，见表3.1。

老城街区的消防安全布局应依据火灾风险隐患划定街区重点消防区域和一般区域，提出防火隔离带及防灾避难疏散场地规划。充分利用原有排水体系和生态空间，例如水体、绿地等，这些均匀"镶嵌"在城市街区之中的小型"调蓄水池"，由于地势和排水路径的便捷，可在局部区域发挥出排水防涝的功效，起到"化整为零、分区承蓄"的效果。

表 3.1   典型街区空间结构及防灾改造策略

街区空间结构类型	空间结构形态特征	防 灾 策 略
向心式	单中心布局；圈层式环路和放射式道路	保障防灾通道足够的宽度和通行性，在空间结构中心设置大规模广场、绿化或者中小学等作为大尺度应急避难场地，其他区域均衡设置合理数量的小型紧急避难场所，并保证其具有良好的可达性
带状式	纵向主轴线；带状形态；小规模空间节点	在其纵向主轴线与横向疏散通道的交叉节点处设置避难场所；横向防灾通道间距宜小于 250m；控制每个分区规模，任一点到达与其最近的避难场地步行不超过 5min
自由分散式	没有明显的轴线；枝状交通系统；分散的节点空间	在主要道路的交叉点设置一定规模的避难疏散空间，并保证其有良好的可达性，一般要求至少有两条以上的防灾救援通道与其相连；保障街区部分路网具有足够的宽度，满足防灾疏散要求

B   融合共生——保障街区功能格局

一般而言，老旧街区最基本的功能是居住，随着城市发展，为了满足居民的生活需要，办公、商业、仓储、休闲娱乐、体育健身、文创产业等功能逐渐增多，如图 3.4 所示。但是这些公共服务设施由于缺乏统筹规划，使得各项功能之间的内在联系，造成街区布局混乱，功能使用不便，也造成交通压力增加，环境恶化，如图 3.5 所示。

图 3.4   特色商业街

图 3.5   交通混乱

因而，在韧性重构中，要优化空间布局，增强空间的冗余性，重构尺度适宜、开放式网络状的道路系统，界定清晰的街道空间以及舒适丰富的步行环境，重视业态的引入，商业功能的丰富，处理好不同业态功能之间的关系，通过多功能混合以及建筑类型和体量的多样化，实现与城市有机的融合。

C   保护传承——延续历史文脉格局

空间肌理格局是建构城市空间秩序的骨架，需要对街区中包括建筑风貌、建筑高度、绿化水系、开放空间、视线廊道等各物质空间要素加以控制引导。例如北京老城区具有独具特色的文化底蕴，需根据现状，对胡同空间进行道路疏通，拆除违建，增辟公共空间等，提升居民的生活品质以及文化风貌，如图 3.6 所示。

图 3.6　老旧街区的文脉传承
（a）北京三里河历史空间格局重现；（b）现代建筑与历史风貌协调

对于老旧街区内的部分新建区域，可延续传统路巷格局，使其与城市的道路系统能够有机融合，尽可能保留原街区的空间结构，从街道空间尺度、建筑的形式风格、开放空间系统等方面入手，与周边环境相互协调，形成具有时代感和地域感的场所，充分体现城市的文化传统、适宜的街道空间、院落式的布局、小尺度街坊等特色。

D　因地制宜——创造宜居空间格局

城市作为一个巨系统，具有复杂性和多样性的特点，区域化的发展形式创造了丰富多彩的城市风貌、城市景观和人文内涵，更新改造中应综合考虑老旧街区的周边环境、路网结构、建筑布局、群体组合、绿地系统及空间环境等，构建街区内生态空间的串联关系，将游憩空间与生态环境联通，形成稳定的绿地生态网络体系，利于生物联系与塑造人性化生态廊道，构成一个完善的、韧性的宜居空间体系，如图 3.7 所示。

图 3.7　老旧街区宜居空间
（a）历史街区胡同改造；（b）社区公共空间更新

3.2 既有建筑结构韧性重构规划

3.2.1 韧性内涵

3.2.1.1 基本概念

建筑结构在使用期间可能会遭受到多种破坏因素的影响，从而导致结构发生损伤和残余变形。既有建筑结构韧性是指在受到自然灾害、人为灾害等因素的作用影响下，既有建筑具有维持和恢复原有建筑结构功能的能力。

原有建筑结构功能按照国内外已有研究可分为建筑基本功能和建筑综合功能。前者即为受到灾害影响后，原有建筑结构依然能够满足建筑正常使用要求，维持其功能正常运行的能力；后者即为除满足建筑基本功能外，建筑内外部设备设施、装饰装修依然完好并正常运行的能力。

3.2.1.2 建筑结构韧性重构的意义

提高既有建筑的结构韧性，使其受到灾害影响后，能尽可能地降低灾害的破坏，并能使结构受损程度很小且可控，稍作修复即可恢复原始功能，甚至达到对结构零破坏且无残余变形，从而保障人民生命安全和财产安全。

3.2.2 现状梳理

建构筑物在设计、施工及使用过程中，无时无刻不存在有形或无形的损伤，一方面，如果维护不及时或维护不当，其安全可靠性就会严重降低，使用寿命也会大幅度缩短，如使用中正常老化，耐久性就会逐渐失效；另一方面，自然灾害或人为灾害的突发，地基的不均匀沉降和结构的温度变形等，在设计、施工时都是难以预计的不确定因素。此外，由于建造的年代各异，老旧街区的建筑物在建造时基础和标准不同，很多老旧建筑未考虑过抗震设计，建筑的抗震能力较差、设计强度较低，且混凝土构件部分已损坏；同时楼板开裂、渗漏水现象也常有发生。

部分建筑的结构材料的选用也远低于现标准，再加上私自加建、搭建等现象，房屋可能产生地质沉降而倾斜的情况，有些建成年代较近的建筑仅表现出建筑破旧、楼栋设施老化的现象，而更早的建筑已经有不少危房、危楼出现，如图3.8所示。不少住宅楼梯门缺失，楼道墙面、扶手、踏步、照明系统等有不同程度的破损，院落围墙和道路也存在破损情况，街区内"三线"横穿并老化严重，存在一定的安全隐患，如图3.9所示。

大量老旧建筑在设计之初没有任何节能措施。再加上建筑年久失修，管道线路老化，导致建筑普遍能耗较高，也显露出不少安全隐患；还有部分建造的保温隔热层、防水层等出现不同程度的损坏现象，已无法满足基本要求。同时不少街区建筑都存在超负荷使用的情况，这也加快了建筑质量恶化的速度，与现代社会的建筑要求极度脱节。

3.2.3 韧性重构

3.2.3.1 建筑结构加固

建筑结构本体加固的方法包括混凝土结构加固、砌体结构加固和钢结构加固等。不同材料的结构或不同的加固需求，其加固方法也不尽相同，如图 3.10 所示。部分建筑结构加固场景如图 3.11 和图 3.12 所示。

图 3.8　建筑严重老化　　　　　　图 3.9　街区管线杂乱

(a)　　　　　　　　(b)　　　　　　　　(c)

图 3.10　建筑结构加固
(a) 混凝土加固；(b) 砌体结构加固；(c) 钢结构加固

(a)　　　　　　(b)　　　　　　(c)　　　　　　(d)

图 3.11　结构外部加固改造形式
(a) 增大截面加固；(b) 粘钢加固；(c) 纤维复合材料加固；(d) 增设支点加固

　　混凝土结构加固方法主要有直接加固与间接加固两类，其中直接加固是直接针对结构构件或提高节点承载力的加固，如置换混凝土法、增大截面法、黏结纤维复合材料法等；

(a)
(b)

图 3.12 增设支点施工现场图
(a) 细节图；(b) 局部图

间接加固技术是针对结构整体，来减小或改变构件内力的加固，如外加预应力法、增设支点法等。除此以外，还有与加固配套使用的技术，如植筋技术、锚栓技术、裂缝修补技术、化学灌浆技术等。

砌体结构加固方法主要分为构件加固与整体性加固两类，其中构件加固技术是直接针对结构构件或节点承载力提高的加固，例如钢筋网水泥砂浆面层加固法、增大截面法、注浆或注结构胶法；整体性加固技术则用于当建筑整体性不满足要求时，可采取增设抗震墙或外加圈梁、混凝土柱等方法，例如增设结构扶壁柱法等。

钢结构加固可根据加固对象分为钢柱加固、钢梁加固、钢屋架或托架加固、吊车梁加固、连接和节点加固、裂缝修复和加固等。根据损害范围可分为两大类：一是局部加固，通常只对某些承载能力不足的杆件或连接节点进行加固；二是全面加固，则是对整体结构进行加固。总体来说钢结构加固，常用的加固技术包括改变结构计算简图加固、增大构件截面加固、加强连接加固及裂纹修复与加固等。

3.2.3.2 保温隔热的改造

可使用新型保温隔热材料在墙体上，如板材干挂，材料置换，砂浆抹面等方法，或设置背通风外墙以及墙面绿化等方式减少外墙耗能；外窗改造可采用低辐射中空玻璃窗、双层窗等气密性好、传热系数低的外窗替换原有热工性能差的窗户；要注意的是，建筑节能应充分尊重当地的自然条件。例如在北方，室内外温差较大，使用一些保温材料阻止热交换非常重要；而南方夏天炎热，太阳辐射更为强烈，可在窗户外面安装遮阳窗。

老旧建筑的屋面承载力差，有时还伴随着漏水、掉皮等问题。对既有建筑屋面可采用倒置式保温屋面、屋顶通风、屋顶绿化等方式，提高屋面的保温和防水功能，降低建筑物运营耗能等。还可以选择可上人的便捷式刚性组合绿化屋面，这样既能避免对原有结构的破坏又方便维修。如图 3.13 所示。

要注意的是，对于既有建筑围护结构改造需要重点先查勘以下几方面内容：荷载及使用条件的变化，重要结构构件的安全性评价，墙体受到冻害、析盐、侵蚀损坏及结露状况，屋面及墙体裂缝、渗漏状况，经过评估后根据不同建筑物的结构特性，设计出经济节约、安全可靠的重构方案。

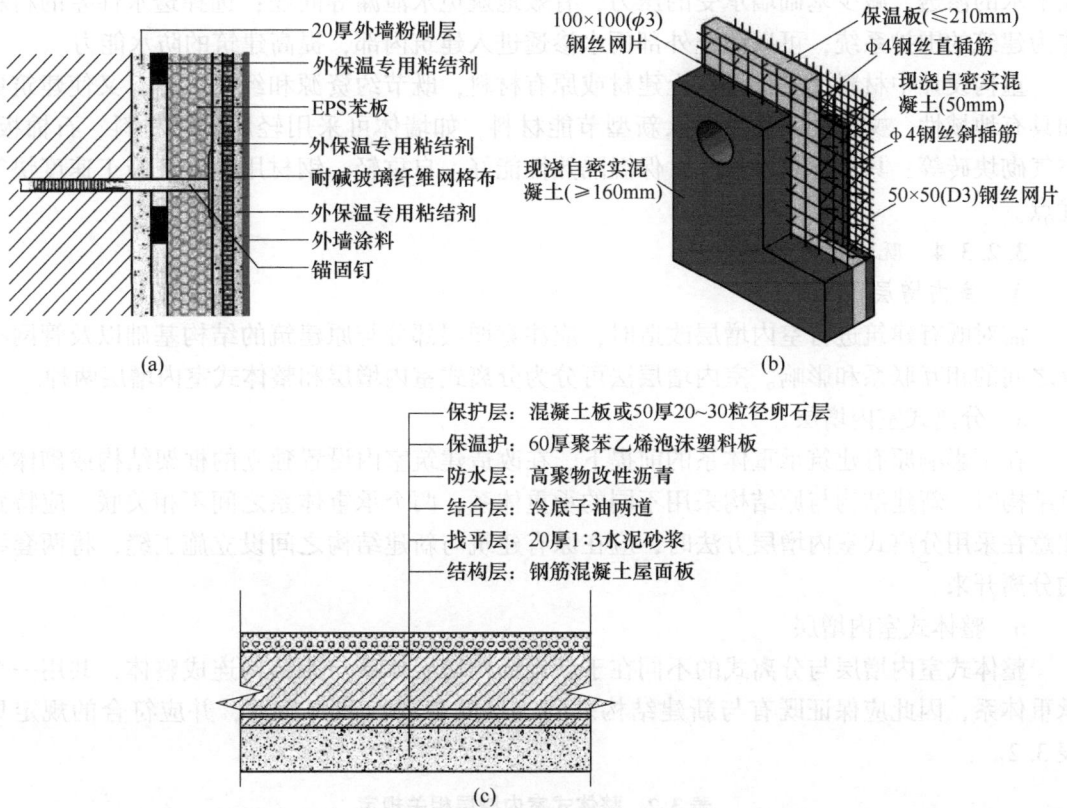

图 3.13 建筑保温的方法

(a) 保温材料进行建筑保温；(b) 保温板进行建筑保温；(c) 倒置式柔性防水屋面结构图

3.2.3.3 建筑材料的改造

韧性好的建筑材料可以有效抵抗外界的风霜雨雪等外部荷载干扰，并且保持原有功能状态不被破坏，使建筑长久保持活力，提高建筑的生命周期，更好地发挥建筑的实际价值意义。材料韧性分类如图 3.14 所示。

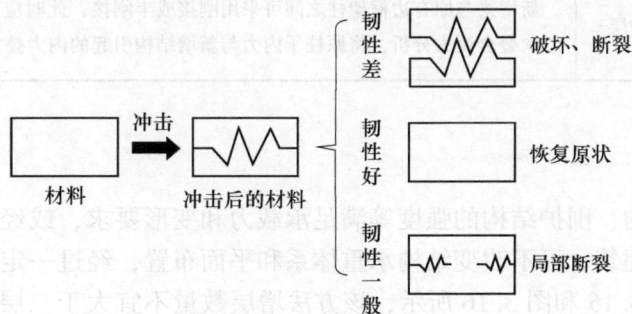

图 3.14 材料韧性分类

合理的材料选择可以使既有建筑提高舒适性，减少能耗，提高风险的应对能力，也能传承文化，保持风貌统一性。例如，选择透水性好的材料修建渗透通道和排水沟，可增加地下水的渗透，减少基础墙承受的压力，有效地避免水泄漏等问题；选择透水性差的材料作为建筑的围护系统，可以防止外部雨水渗透进入建筑内部，提高建筑的防水能力。

重构设计中材料优先选择本土建材或原有材料，既节约资源和经济成本，又使建筑更加具有地域性，文化性。适当引入新型节能材料，如墙体可采用轻质隔墙材料、石棉板、空气砌块砖等，具有导热系数小，保温隔热性能好、自重轻、钢材用量省、施工速度快等优点。

3.2.3.4 既有建筑增层改造

A 室内增层

需对既有建筑进行室内增层改造时，应注意增层部分与原建筑的结构基础以及管网布置之间的相互联系和影响。室内增层法可分为分离式室内增层和整体式室内增层两种。

a 分离式室内增层

在不影响原有建筑承重体系的前提下，在改造建筑室内设置独立的框架结构或砌体承重结构时，新建结构与原结构采用不同的承重体系，两个承重体系之间不相关联。应特别注意在采用分离式室内增层方法时，应在原有建筑与新建结构之间设立施工缝，将两套结构分离开来。

b 整体式室内增层

整体式室内增层与分离式的不同在于新设结构增层体系与原结构连成整体，共用一个承重体系，因此应保证既有与新建结构之间连接的稳固性和可靠性，并应符合的规定见表3.2。

表 3.2 整体式室内增层相关规定

增层类型	增设方法
单层室内增加或多层砌体建筑室内楼盖拆旧换新改造	室内纵、横墙与原结构墙体连接处应增设构造柱并用锚栓与原墙体连接，新增楼板处应加设圈梁
钢筋混凝土单层厂房或钢结构单层厂房室内增层	新加结构梁与原结构柱的连接宜采用铰接。当新加结构柱与原厂房柱的刚度比不大于1/20时，可不考虑新加结构柱对原厂房柱的作用
混凝土框架结构室内增层	新增梁与原有边框架柱之间可采用刚接或半刚接，此时应对原框架边柱结构进行二次叠合受力分析，将原柱子内力与新增结构引起的内力叠加进行截面验算

B 室外增层

a 直接增层

对于原地基结构、围护结构的强度等满足承载力和变形要求，或经过检测鉴定加固后可增加荷载的既有建筑，可不改变结构承重体系和平面布置，经过一定的处理后在其上部直接加增层，如图3.15和图3.16所示，该方法增层数量不宜大于三层，可适用于多层砖房结构、底层框架上部砖房、多层内框架砖房结构、多层钢筋混凝土结构房屋等，具体结构改造方法的选择要根据原有建筑结构的实际情况进行设计。

当采用直接增层方法时，首先计算增层部分的结构内力，然后将内力加到原始建筑物上，并计算原始建筑物的承载能力，主要包括地基承载力计算，钢筋混凝土结构的抗弯和

图 3.15　增层改造前

图 3.16　增层改造后

抗剪试验，砖混结构承重墙的承载力、框架结构的框架承载能力、将屋面板改为楼面板后的承载能力等几个方面，复合验算后，不能满足要求的建筑可通过增设承重墙、圈梁、提高砌体标号等方式进行适当改造。增层建筑物的施工措施应符合下列要求，见表 3.3。

表 3.3　增层建筑的结构构造措施要求

构造部位	要　求
承重墙	若原有结构为纵向墙体承重，改造时可将横向墙体进行加固增设为承重墙；反之亦然。应注意新增结构与原有结构之间的连接；上下层之间柱网对应，传力途径明确；切不可在下层无承重构件的部分上层设为受力构件
圈梁处	增层建筑各层应设有圈梁，以提高其整体性和空间刚度，使增层部分的荷载均匀地传递到原始建筑物，防止增层后不均匀沉降
砌体砂浆	提高砌体的砂浆标号，以保证砌体结构的牢固稳定，增层部分砌体砂浆标号不应小于 M5，砌体结构转角处应设拉结钢筋
门窗洞口	承重墙上的门窗洞口应上下对齐，以便于结构受力明确和立面保持统一
梁柱部分	在框架结构上增层时，梁柱部分是否增加截面应该由承载能力计算和刚度要求确定。同时还要在新老柱子的接头处增加附加纵筋和加密箍筋。在框架梁中，梁的上部和下部至少应有两根通长钢筋。为了防止梁柱的拉裂，钢筋搭接长度应满足国家相关标准的规定

b　外套框架增层法

当既有建筑增层层数较多、荷载较大或增层部分需要较大的开间时，原建筑的墙体、柱和基础等不能满足承载力的要求时，通常采用外套框架增层法，即在原建筑物增设外套结构，增层荷载通过在原建筑物外新增设的墙、柱等外套结构，传至新设置的基础和地基上。外套框架增层体系对增层数限制要求较小。新老结构通常采用以下方法处理，见表 3.4。

外套框架结构可分为两大类：第一类是分离外套框架受力体系；第二类是协同外套框架受力体系。

表 3.4 外套框架增层的新老结构常用处理方法

既有建筑为砌体结构	增层部分为外套混凝土框架或框架剪力墙结构，新老结构完全脱开
新老结构均为混凝土结构	新结构的竖向承重体系与原结构的竖向承重体系相互独立，新老结构共同抵抗水平抗侧力构建相互连接，组成新的构架体系

　　分离式外套框架的受力体系，即原始建筑结构和新增结构完全脱离，各自的垂直载荷和水平载荷是独立的，其水平净空距离符合抗震和施工的要求。该分层方法的受力计算简单明了，外套框架独立承担增层部分的荷载，但当既有建筑物数量较大或抗震设防烈度为7度时，由于新旧建筑物没有垂直连接，外壳结构的下面的柱子太长，导致外框架结构上重下轻形成"高鸡腿"建筑对抗震能力极为不利。因此，该方法在地震区不宜采用。

　　协同式外套框架受力体系：原建筑结构与新增外套增层结构相互连接，共同承受增层部分的荷载，协同式外套框架受力体系又可分为铰接和刚接，见表3.5。但由于刚接受力情况比较复杂，缺乏试验数据和震害资料的实证，目前还没有系统完整的理论分析。

表 3.5 协同式外套框架受力体系铰接、刚接形式

协同式外套框架—铰接	在协同式外套框架结构铰接中，新老结构通过设置滑动扣件、咬合键、锚杆箱体等铰接方式连接，使新老结构共同抵抗水平荷载，独立承受各自的竖向荷载
协同式外套框架—刚接	在协同式外套框架结构刚接中，新老结构通过设置钢拉杆、钢筋混凝土嵌固键、砂浆锚杆或在既有建筑物横墙中设置拉结筋后浇筑于外套框架中等方法连接，使新老结构共同抵抗水平荷载和竖向荷载

c　下挖增层法

　　下挖增层法是在建筑物底层向下挖，从而达到扩大建筑使用面积的目的，如图3.17所示。既有建筑下挖增层改造将会改变建筑基础受力或桩的顶部承载性状发生改变，技术难度也会随下挖深度增加。在选择下挖增层法进行改造过程中，应注意下挖深度不宜过大，随着下挖深度的增加，桩周土对于桩的约束能力就会随之下降。改造过程中，需对改

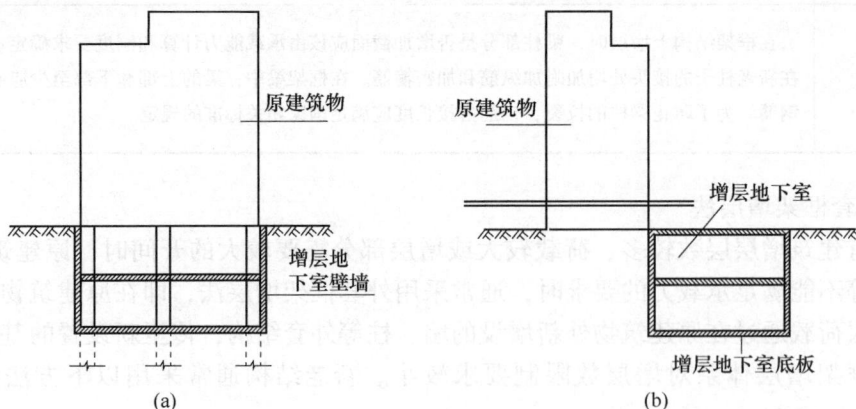

图 3.17 下挖增层方式
(a) 延伸式下挖；(b) 水平扩展式下挖

造建筑应进行实测，并借助有限元软件建立模型进行分析。下挖增层法的选择要根据具体的建筑基础形式来定，并不适用于所有建筑。

d 外接建筑法

既有建筑改造过程中外接改建是在既有建筑周边一定范围内加建一定数量的建筑、构筑物或附属设施，加建建筑与既有建筑作为一个建筑整体。根据外接部分结构与既有建筑结构的受力情况，可分为独立外接（分离式结构体系）和非独立外接（协同式结构体系）。

（1）独立外接。独立外接结构，即为分离式结构体系，是既有建筑结构与新增结构完全脱开，独立承担各自的竖向荷载和水平荷载，如图3.18所示。外接部分体量相对较小，但由于独立外接部分与既有建筑相互分离，一般常见于采用砌体结构和钢结构等形式。

（2）非独立外接。非独立外接结构，即为协同式受力体系，是既有建筑结构与新增结构相互连接，如图3.19所示，非独立外接部分的荷载通过改造过程中的新增结构直接传递到基础部分，再由基础传至地基。其中，新老建筑之间的节点处理形式可分为铰接和刚接，如图3.20和图3.21所示。如果既有建筑与新建建筑是钢结构，常用的连接方式是螺栓连接。

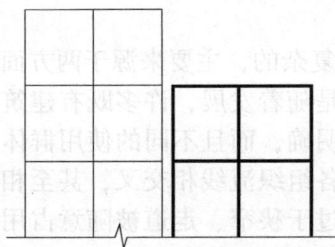

图 3.18 独立外接示意图　　图 3.19 非独立外接示意图

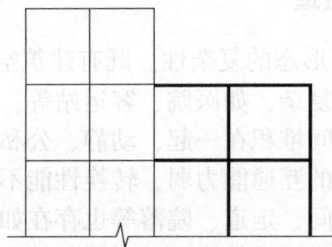

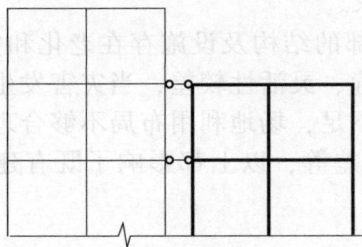

图 3.20 铰接连接　　图 3.21 刚接连接

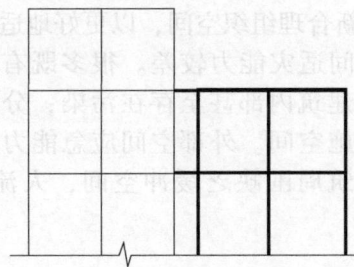

要注意的是，在沿着混凝土柱的长度方向，每隔一定长度就植入钢筋，与既有混凝土柱连成一体。钢柱可以通过柱脚栓与原有钢筋与既有混凝土柱的承台相连接。钢梁与钢筋混凝土梁连接。二者的连接方式主要采用铰接的方式，通过使用钢梁的连接螺栓和钢筋混凝土的锚栓，使其联系起来。

3.3　既有建筑空间韧性重构规划

3.3.1　韧性内涵

3.3.1.1　基本概念

既有建筑空间韧性指的是既有建筑的空间可以适应多样化的使用需求，同时，在应对外界扰动冲击时，能够采取以空间维度为主导的方式恢复正常运行状态，维持原有社会机能的适应变化能力。

空间韧性建设的重点是构建一个"低灾害概率"的空间体系，部分空间能够利用自身潜在的优势，通过重组和更新使其可以满足不同的使用需求，在面临外界人为或非人为冲击时，也可以降低和缓冲各种灾害风险的影响。

3.3.1.2　建筑空间韧性重构的意义

对既有建筑的空间韧性进行优化，可以提高建筑的适用性，营造全新的建筑空间。通过系统渐进的、微小的、积累的变化，以更为综合的视角关注空间再利用，实现空间、社会、文化、生态等多方面的可持续发展。

3.3.2　现状梳理

（1）空间形态的复杂性。既有建筑空间形态是复杂的，主要来源于两方面：一方面是建筑自身功能复杂，如医院、客运站等；另一方面是随着发展，许多既有建筑经历了多次改造，所有空间堆积在一起，动静、公私等分区不明确，而且不同的使用群体之间也会相互影响；空间的互通能力弱，转换性能不足，存在各组织流线相交叉，甚至相互干扰。很多建筑的楼梯间、走道、院落等也存在如公共空间过于狭窄、走道被随意占用、隔音能力差、缺少无障碍设计等问题，对居民的生活产生了很大的困扰。

（2）空间自身冗余性不足。许多既有建筑设计之初对空间韧性认识不足，随着时代的变迁，建筑的使用对象、使用目标、使用方式等都随之发生变化，功能与建筑空间无法匹配，需要重新合理组织空间，以更好地适应新需求。

（3）空间适灾能力较差。很多既有建筑内部的结构及设施存在老化和安全隐患，在一些工业建筑内部甚至存在污染；分区不明确、灵活性较差，当灾害发生时，缺乏应急保障设施空间。外部空间应急能力也存在不足，场地利用布局不够合理，存在低效土地；建筑周围缺乏缓冲空间，人流导向性差等，以上都影响了既有建筑的适灾能力。

3.3.3　韧性重构

3.3.3.1　居民楼单元入口

居民楼单元出入口有交通枢纽的作用，是连接室内外的过渡空间。为照护到老人的辨识和安全原则，出入口的无障碍设计对老年人的出行很重要。

由于老年人视觉功能退化，所以各单元出入口均应设置易于辨识的标识，如在出入口的色彩上设置醒目的颜色，或加大数字符号尺寸来增强识别性；出入口处设置明度和亮度适宜的照明设备，让老年人在夜间也能清楚地分辨出台阶和坡道的位置；增设无障碍坡道，并安装扶手，充分保障老年人上下楼及出行安全问题。如果住宅单元底层是商业用房还应充分考虑到居住内部的安全，做到住宅商业分流。

3.3.3.2 公共台阶和楼梯的改造

楼梯是日常生活中垂直交通最基本的方式，也是危险产生时的安全通道。首先是楼梯踏板的设计。提供一个足够宽阔并合适高度的梯级极其重要。对于建筑外部的台阶来说，宽度至少为 280mm；对于渐宽式的踏板，从楼梯内侧测量其较窄部分的宽度至少为 270mm。对于建筑内部的阶梯来说，宽度至少为 250mm。其次是台阶的辨识度。对于老人儿童来说，可利用醒目的指示图案做楼梯的装饰。

3.3.3.3 建筑空间改扩建

既有建筑空间更新改造是建立在原有建筑结构稳定性与安全性基础之上，采用空间的拆分、整合等设计方法，对原有空间形态、内部组织结构、室内路径进行空间结构分隔，满足更新后的功能需求。

A 空间拆分

将原有建筑的空间重构形成若干个小空间，以获取尺度更舒适的功能空间，可分为水平和垂直两种方式。水平分割是一种以保护原有建筑结构体系为前提的空间解构方式，一般适用于跨度或面积较大的建筑，通过增加隔墙的方式，将大空间分隔组合成多个小空间，以满足使用需求，如图 3.22 所示，需要特别指出的增加隔墙的重构方式由于在原空间上新增了结构荷载，所以对原建筑的结构受力体系需要达到一定的要求。

垂直分割指将垂直向的空间进行重构组织，采用空间增层的方式，形成多样功能的空间，提高空间的利用率，丰富空间层次，赋予空间趣味与活力，垂直分割多应用于竖向空间大，建筑结构稳固的空间，如图 3.23 所示。对于体型较大的高耸构筑物，空间垂直分割能够有效利用空间，满足使用功能的需求，如图 3.24 和图 3.25 所示。

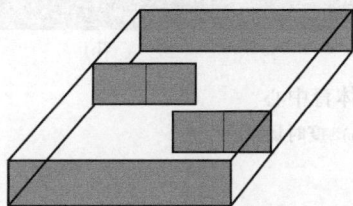

图 3.22 空间水平分隔示意图

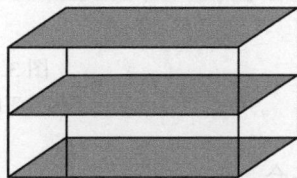

图 3.23 空间垂直分隔示意图

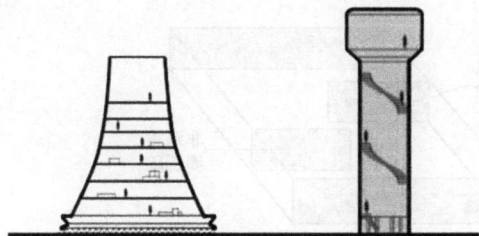

图 3.24 构筑物空间垂直分割

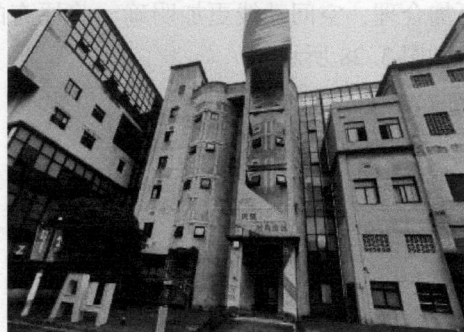

图 3.25 杭州之江文化创意园

　　既有建筑通过临时性的整体空间重构也可实现平灾时期的多功能转换，在外界风险和灾害来临时，为建筑对抗风险提供空间功能基础，加强空间适灾韧性。在 COVID-19 疫情中，武汉就曾临时征用多处大型公共设施改造成"方舱医院"以作急用，利用水平拆分的方式，将原有的大体量空间拆分成若干小空间，如图 3.26 和图 3.27 所示。

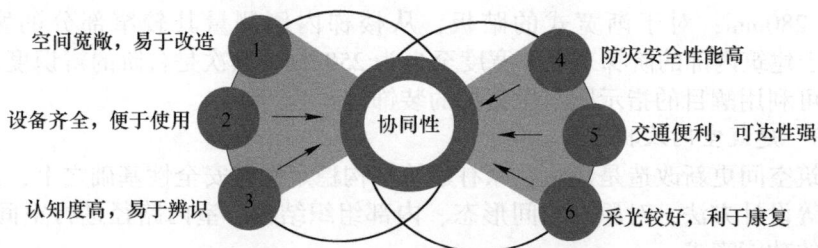

图 3.26　大尺度空间与应急的协同性

(a)　　　　　　　　　　　　　　　　　(b)

图 3.27　武汉体育中心
（a）平时场景；（b）疫时场景

B　空间整合

　　当需要尺度较大的空间时，通过将原建筑内水平隔墙或竖向楼板拆除形成开敞的大空间，即在空间内做减法，以满足置入新功能的需求。空间整合可以使得建筑内空间功能布局更加合理，空间动线更加明确，将原有的单一的空间形态赋予变化，形成多样的空间形态，如图 3.28 所示。

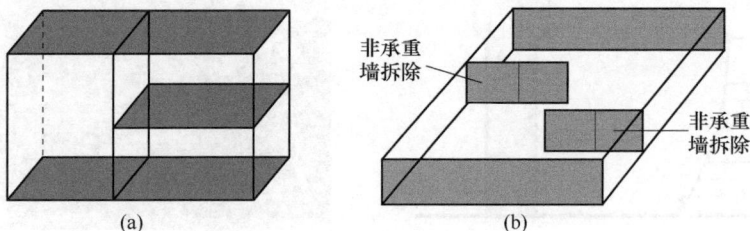

图 3.28　内部空间合并示意图
（a）空间垂直整合；（b）空间水平整合

C 空间生长

当无法满足新置入功能的空间需求时，可采用空间嵌套、空间连接、空间扩展等方式，实现空间的生长，见表 3.6。

表 3.6 空间生长示意图

再生手法	内 容	图 示	案例示意
空间嵌套	当建筑内部空间层次感较弱时，将小空间嵌套在相同形式的大空间中，或将它们进行多重组合，获取空间感更丰富的平面关系		
空间连接	相邻的多个建筑单体集中重构时，可考虑在建筑单体之间建立联系，使空间相连，以获得更流畅的空间关系		
空间扩展	在建筑用地较充足时，可考虑将建筑功能扩展到原有建筑之外的空间中，利用推拉、悬挑、架空的形式将原有形式打破，以得到更开敞的空间		

D 新旧空间衔接

通过新增空间来适应新的使用需求，这种设计方法在空间形态的表达和界面的材料处理上更加灵活方便，使建筑的空间层次更加丰富。不同的空间在链接的时候可以采用串联或者并联的方式，当然也可以通过庭院来进行空间的重新组织，形式灵活多变。

（1）利用垂直链接进行扩建或加建。新旧空间的垂直链接是通过加建或扩建既有建筑竖向的方式来适应新旧功能的转变。如在室内空间需要的地方进行对顶部增加活动区域或拓展地下空间等。

1）顶部加建。在不改变原有承重结构的条件下，对活动空间的顶部增加适当的面积区域，成为增加室内空间使用面积的有效改造方法，如图 3.29 所示。顶部的加建，必然导致建筑物外观的整体受到一定的影响，若对建筑外观有严格要求，那么这一改造手法需慎重。

2）地下增建。既有建筑的现有空间不能满足使用要求，且对建筑风貌保护比较严格的时候，可以考虑发展地下空间。这种方式对原有建筑的布局、风貌影响最小，因此在很多重要的历史保护性建筑中采用这种方法。如图 3.30 所示。

（2）利用中庭或入口的水平链接。利用中庭或入口灵活多变的特点，对空间进行水平扩建也是新旧空间链接的一种手法。这为妥善处理二者之间的关系提供了一种新的途径，可以巧妙地融新旧于一体。

图 3.29　顶部加建示意图

图 3.30　利用楼梯衔接上下空间

3.3.3.4　提高空间的多样性和适灾能力

采用适宜的设计手法对建筑空间资源进行拓展利用，例如建筑顶层、特殊构造节点处、边角空间等，可结合原始肌理及特殊的结构美，设置具有不同体验感的空间，使建筑具有更大的空间扩展性和适用性，从而提升建筑空间存续价值，实现空间韧性；可以利用便于移动的家具对空间进行分隔，通过灵活的隔断，如轨道幕墙、屏风、折叠门等，完成空间的组合、分隔等，体现出空间的灵活性和弹性。

既有建筑可通过梳理疏散应急通道、增加避难场所及应急物资储存空间等方式提升适灾韧性。应急物资储存空间应布置在靠近防灾救灾通道和临时避难场所的安全位置，储存空间的大小应根据区域人口确定，可以充分利用地下空间，并加强应急物资储存空间的管理，定期更换过期应急物资。对于空间不足的建筑，可以通过加强现有功能空间的复合利用，进一步拓展应急物资储存空间，丰富应急物资储存类型。

4 老旧街区服务设施韧性重构规划

4.1 交通设施韧性重构规划

4.1.1 韧性内涵

4.1.1.1 基本概念

（1）交通设施。交通设施是为了保障车辆、行人安全，减少街区事故而设置的各类机械设备、信号标志、隔离栅栏防护桩等设施，能够有效地管理交通运行，保障通行效率，规范交通行为。

（2）交通设施韧性。交通设施韧性是指街区交通设施作为城市的服务体系的一类，在受到突发公共事件的影响时，影响由点到面扩散，城市交通的人性和物质性使街区交通具有足够的适应性、抵抗性、学习能力、自我调节和恢复能力。

4.1.1.2 交通设施韧性重构的意义

在街区长久的发展中，交通设施得到不断的完善与改进，使得人类的出行更加安全、便利，但是随之而来的，便是各类的交通设施的老化，弄能落后，急需都街区交通设施进行韧性重构，以便保证街区交通的流畅，保证交通的通行率，促进街区经济又好又快的发展，不断提高商业的质量和效率。同时，交通设施的韧性重构也和人类的生命安全息息相关，交通韧性高的街区，其安全隐患就会降低很多，交通事故的减少可以降低国民经济财产损失，保障街区交通的运行效率。

4.1.2 现状梳理

4.1.2.1 街区交通设施的分类

根据街区的位置、地形、地貌，需要设置各类不同的交通设施，包括人行横跨桥、人行栅栏、照明设施、视线诱导标志、公路反射镜等设施以及其他类似交通设施等，具体内容见表4.1。

表 4.1 交通设施的基本内容

交通设施	内　　容
人行跨路桥	人性跨路桥是通过建立立体桥梁将人行道和行车道分开，以此进行人车分离，保障行人和车流的通畅
栅栏	街区栅栏是用来分割行人道与车道专设的交通保障设施，以此来诱导行车司机视线，保障行人和街区建筑物的安全。栅栏的形式、种类林林总总，有护栏、护索、桁构、护管、锁链等形式

交通设施	内　容
照明设施	照明设施主要是指街区的路灯、灯杆、灯具、配电箱、管线等设施，可以为行人提供夜间照明，保障夜间通行，增强了居民、行人夜间出行的安全感，提高行人的能见度，也有利于防范潜在危险
视线诱导标志	视线诱导标志是为了提醒司机和行人而设置的一种安全标志，主要采用耐高温、耐老化、耐冲击、高强度的材料制成
公路反射镜	公路反射镜一般为凸面镜，设置在弯道和半径较小的交叉路口或拐角处，增加行人和车辆的视线，降低事故发生率，公路反射镜镜面要求反射效率高，没有模糊、翘曲、水泡、水纹的现象

4.1.2.2　街区交通工程的现状

（1）路面破损严重。由于长时间的使用，每天来往行人、车辆较多，一些城市街区的路面破损严重，路面产生破裂，地面下沉，下雨的时候更会产生积水，不便行人来往，如图 4.1 所示。

（2）交通设施损坏。经调查，一些老旧街区的交通设施经常受到损坏，经过长时间的使用和行人、车辆的不规则行驶，造成交通设施损坏，不能很好地完成其使用功能，如图 4.2 ~ 图 4.4 所示。

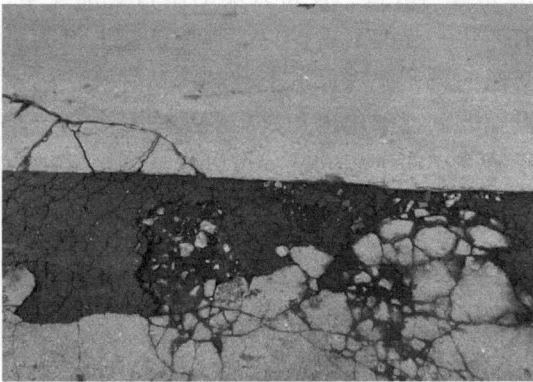

图 4.1　路面破损

图 4.2　栅栏损坏

4.1.2.3　街区道路交通损坏的原因

纵观城市的各类老旧街区，大部分时间都是拥堵状态，各级道路上充斥着停泊的汽车，给人们的生活造成了极大的影响，主要原因有以下几点：

（1）规划设计先天不足。由于旧时人口较少，未考虑当前形势，道路的规划也只针对当前进行规划，没有对未来的交通进行合理的预估，加之旧时的经济落后，对道路交通的规划缺乏合理的论证，造成在道路路网的不合理。加之对街区停车场的规划不足，导致日益增长的汽车无处停放，严重导致了交通堵塞。

（2）人为因素加剧交通堵塞。在一些老旧街区，市民的交通意识普遍不高，由此人为

图 4.3 路边防护桩损坏

图 4.4 路灯损坏

因素产生的交通问题愈演愈烈，加之老旧街区缺乏相应的治安管理条例，导致这些问题无法得到根治，主要体现在商家占用查到营业、将地下停车场改为商场、在公共道路上私自停放车辆等，如图 4.5 所示，私自占用街区道路等，如图 4.6 所示。

图 4.5 车辆乱停乱放

图 4.6 摊位乱摆

4.1.3 韧性重构

4.1.3.1 交通设施韧性重构措施

在街区的发展历程中，其交通规划也有了相对较大的进步，在街区交通工程取得进步的时候，我们更应该看到街区交通工程的弊端，从而进行有效的改正。

A 整合路网

以街区的整体路网为框架，对路网结构进行整合重构，结合街区的规划定位，从绿色出行及畅通出行的角度，提出对街区路网的重构规划措施，保障街区的经济发展与社会发展相协调，增加街区路网密度，缓解街区交通压力，打开街区的内部道路，增加道路在出现拥堵时的应急通道，如图 4.7 和图 4.8 所示。

B 停车设施重构

随着国民经济的增长，汽车的使用量也随之增多，因此，对于停车设施的重构迫在眉

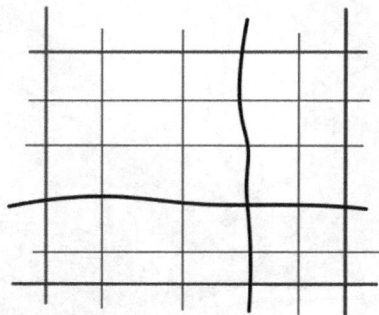

图 4.7 路网整合前

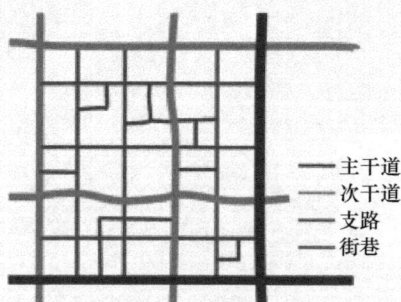

图 4.8 路网整合后

捷，在过往的经历中，居民往往随意停车，导致街区的交通出现严重的拥堵，可以在街区的边角余地建立停车场，在路口严格设置通车时段，如图 4.9 所示。在人流量较大的街区周围可选择在力度较小的空地或周边建设与街区交通相匹配的立体停车场，以此缓解交通压力，如图 4.10 所示。

图 4.9 临时停车位

图 4.10 立体停车楼

C 交通设施改造

交通设施的改造应体现各类交通设施之间相互配合，形成一个整体，保障交通设施的引导作用，排除改造之前相互矛盾的交通标志，加强矛盾交通设施的改造，排除各种信息模糊复杂的交通标志设施，将相互影响的交通标志进行改造，避免给行人和司机造成认知障碍，力求做到信息齐全、准确。交通设施的韧性重构则是在合理利用各类设施，避免相互复杂的交通设施出现在同一地方，图 4.11 为利用风能、太阳能、摄像头、路灯为一体的综合性路灯；图 4.12 为隔离装置和警示牌装置为一体的隔离装置。

4.1.3.2 解决街区道路交通问题的策略

道路交通拥堵现象层出不穷，对于交通的重构，就是让街区不再拥堵，完善道路交通环境，涉及每一位出行者的切身利益，需要全社会的共同努力。

（1）加强交通规划，改善交通环境。加强交通规划，改善交通环境就是要完善路网的结构，增强路网的韧性，最主要的就是改变街区交通混乱的局面，其次是解决随地停车状况，对于一些"僵尸车"要大力整治，减少此类车辆占用街区通道，再次是规划街区周围停车位，充分利用原有停车位，在合适的角落增加停车位，解决停车困难的问题。

图 4.11　综合性路灯

图 4.12　综合性隔离装置

（2）重视交通宣传教育，增强交通安全意识。重视交通宣传教育，增强交通安全意识就是要对市民进行良好的交通宣传教育，良好的交通安全教育应自觉地存在于人们的心中，教育部门可以将交通安全教育纳入中小学课程中，在人们心中，从小就养成良好的安全意识；交管所可以强化交通安全教育考试内容，在人们考取驾照时，增强人们的交通安全意识；市政府可以制定健全的交通安全制定，并由此实施起来，在人们心中将交通安全作为一个重要的内容执行起来，文明礼让，减少交通拥堵。

（3）加大交通投入，完善交通设施。政府要加大交通投入，每年在财政预算中要安排一定资金作为交通设施固定投入，尽早完善交通设施。要发展立体交通，充分发挥立体交通的作用，减少平面交通的压力。要立法，规定新建、改建商场有多少面积，就要建设同等面积的停车场，确保商场前面的交通秩序良好。

4.1.3.3　交通设施韧性重构的原则

A　标志标线的设置原则

街区道路交通标志标线的作用是为了能够给出行参与者提供及时、准确、清晰的信息，保障出行参与者能够以最快的时间、最短的距离、最简洁的线路到达目的地，减少其在路上因拥堵、事故等原因浪费的时间，保障通勤效率及行车安全。故而，在设置交通标志的时候，应遵循以下原则，见表 4.2。

表 4.2　标志标线的设置原则

原则	内　容
易见性	易见性原则是指标志标线的设置，应该显而易见，保障每位出行参与者都能够在第一时间内通过视觉、听觉来识别交通标志，及时地对路况做出正确的判断。若交通标志被异物（如树叶）遮挡，应及时进行清理，以确保能够使交通参与者能够迅速捕捉到交通标志的信息
易读性	易读性原则是指在交通标志标线的设置时，交通标志标线的设置应简单明了，确保交通参与者能够迅速理解和接受交通标志和标线上的信息，并及时做出相应的反馈。交通标志标线的相关符号或图形必须符合国家统一规范的要求

原则	内　　容
协调性	协调性原则是指街区的交通标志标线的设置应与街区的道路交通环境相匹配，道路交通环境不能与标志标线的设置相矛盾，这样会使人无法分清实际情况，从而造成交通参与者在识别交通标志标线上浪费大量时间，引发交通拥堵
规范性	规范性原则是指在交通标志标线的设置上应统一，必须使用规范的语言、文字、图形、符号等，禁止使用具有难识别度的生僻字及随心随意所欲地使用其他有歧义的图形、文字、符号

B　信号灯的设置原则

信号灯的设置应根据所设信号灯路口的具体情况（包括交叉路口数量、人流量等）进行有所差别，对信号灯的种类、安装要求应符合《道路交通信号灯设置与安装规范》GB 14886—2016 的要求，信号灯的设置应遵循以下原则，见表 4.3。

表 4.3　信号灯的设置原则

原则	内　　容
前瞻性原则	前瞻性原则是指在对信号灯进行设置的时候，需要提前考虑信号灯所在路口的车流量，提前布置好信号灯的位置，调节好各个时段信号灯的时间，避免造成等待时间过长
特殊性原则	特殊性原则是指在街区特殊位置（如医院、学校等）交通流量较大的路口，专门设置特殊信号装置，保障特殊人群的优先通勤
创新性原则	创新性原则是指根据道路情况，设置一些新奇的信号装置，以保证节约时间的同时还不影响正常交通出行

4.2　防灾设施韧性重构规划

4.2.1　韧性内涵

4.2.1.1　基本概念

A　防灾设施

防灾设施是为了保证街区安全，防止和减轻灾害而设立的一类用于抵御灾害发生前中后期居民生命财产安全以及社会经济安全的基础设施，防灾设施不仅可以预防、抵御灾害，还能有助于街区灾后救援工作，也能为灾害发生时街区的交通、给排水、能源等生产生活基础设施起到一定的保障作用，例如，街区消防设施的分类见表 4.4。

B　防灾设施韧性

防灾设施韧性是指街区防灾系统所涉及的各种设备、建（构）筑物、场地空间等设施资源的灾前预防灾害能力、灾时抵御灾害能力、灾后救援与街区恢复能力。

表 4.4 街区消防设施的分类

消防设施	内　　容
防火分隔设施	街区防火分隔设施的作用是通过利用街区现有的防火分隔设施，在火灾发生时，将火灾火势控制在火灾发生的区域内，防止火灾扩散到其他区域，造成更加严重的影响，对火灾的控制和有效处理也非常不利，街区常用的防火分隔设施只要有三类，包括：防火门窗、防火阀、防火隔墙等
消防给水设施	街区消防给水设施主要有消防箱、消防水泵接合器、消防供水管道等几类，其主要作用是为了给消防给水系统提供足够的水量以及稳定的水压，保障用水的稳定性和安全性，确保在火灾发生时能够有足够的消防用水来扑灭火灾
安全疏散设施	街区安全疏散设施主要有疏散楼梯、消防应急照明、安全指示标志、安全出口等设施，其作用是引导和疏散人流，使其能够在火灾发生时迅速逃离到安全区域
防烟排烟设施	街区防烟排烟设施主要由防火阀、送排风管道、送排风机等构成，通过防排烟设施将街区建筑内的烟气排放至室外，通常有机械送风和自然排风等两种方式
消防供配电设施	消防供配电设施是消防电源到消防用电最为关键的环节，直接影响到最终火灾防控效果，需要引起重视，常见设施有消防电源、消防线路、配电装置等
火灾自动报警系统	火灾自动报警系统主要是通过该系统可以实现火灾发生前有效监控，实践中可以利用火灾探测器，将燃烧产生的热量、烟雾等用电信号表现出来，以指导人员及时采取措施进行火灾防控
自动喷水灭火系统	街区自动喷水灭火系统主要包括报警阀组、压力开关、洒水喷头等几部分，主要作用是在火灾发生之后，可以通过系统自动做出响应，进行喷水，扑灭火灾
水喷雾灭火系统	街区水喷雾灭火系统是由水源、供水设备、管道、雨淋阀组、过滤器和水雾喷头等组成的系统。其工作原理是将水以细小的雾状喷射到燃烧物体上，产生表面冷却、窒息、乳化、稀释等一系列反应，进而将火灾扑灭
泡沫、气体、干粉灭火系统	通过这些灭火系统发挥作用，可以对防护空间火灾进行扑灭，实践中还可以将火灾自动探测系统与泡沫、气体和干粉系统有效联系起来，使之发挥联动作用，使火灾得到迅速扑灭和抑制
可燃气体报警系统	街区可燃气体报警系统是在街区配备砌体检测装置，当检测到可燃气体的浓度达到一定程度时，街区可燃气体报警系统就会发生报警信号，从而提醒工作人员进行维修，做好防控，避免火灾的发生
消防通信设施	消防通信设施主要包含广播系统、无线通信设备等，可以更好支持消防检查、火灾报警、消防调度等工作要求
其他设施	街区其他设施主要包括灭火器、消防梯、防毒面具、消防手电等

4.2.1.2　防灾设施韧性重构的意义

街区防灾设施韧性重构体现了一个街区的整体管理水平，防灾设施的布置，体现了街区管理者对街区的具体掌握程度，防灾设施布置得越巧妙，则能够救援的范围、人群数量也是事半功倍，一旦街区发生灾害，街区防灾设施的作用则体现得淋漓尽致，将会比外界救援来得更快、更直接，对于救援效率的提高不可或缺。

4.2.2 现状梳理

4.2.2.1 防灾设施的分类

街区防灾设施已成为一项特别的社会公共事务，能够使街区系统在各种自然灾害和人为灾害的威胁下正常运转。街区的防灾设施主要分为五大类，包括防洪抗汛系统、抗震系统、消防系统、救灾生命线系统、应急响应系统等系统，每个系统下面又包含一些具体措施，如图 4.13 所示。

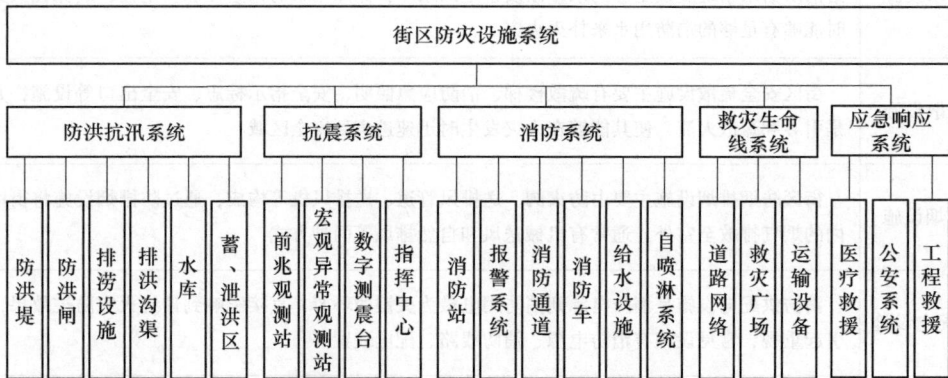

图 4.13 街区防灾基础设施系统的分类

4.2.2.2 突发灾害

街区的突发灾害主要包括：地质灾害、气象灾害、地震、火灾以及严重交通事故、群体骚乱、恐怖事件等，其特点是发生时间不固定，但是破坏性严重，造成损失巨大，而街区特点为建筑密度大、道路狭窄，倘若发生灾害，救援起来十分困难。

（1）地质灾害。街区发生地质灾害主要体现在山体滑坡、地面塌陷、泥石流、地面沉降等，这些地质灾害往往发生时间随机，而且能瞬间吞噬人们生命。图 4.14 则是山东泰城西部一处商业街区路面塌陷长达 30 米，台阶"悬空"；图 4.15 则是甘肃舟曲泥石流灾区，洪水涌入一条商业街。

图 4.14 地面塌陷

图 4.15 泥石流

（2）气象灾害。气象灾害是不可预料的，有气象灾害引发的后果不仅是对街区造成了极大的损失，对当地城市更是造成了不可磨灭的影响，常见的气象灾害主要有洪灾、风灾、雷电灾害以及雪灾这四种灾害。图4.16为2021年郑州暴雨过后街头场面，不仅给道路造成了损坏，更是对城市居民的生命财产造成严重威胁；图4.17为2015年龙卷风袭击广东后广东某街区受灾现场，只剩一片废墟。

图4.16 暴雨灾害

图4.17 风灾灾害

（3）地震。老旧街区建筑往往以砖木结构为主，经过长久的使用以及外界的自然条件的侵蚀，建筑结构老化严重，不复当年，其抗震性能较之新建建筑十不存一，如图4.18所示为2008年汶川地震后场面，一片狼藉。

（4）火灾。老旧街区建筑往往以砖木结构为主，街区建筑往往成片、成排而建，两栋建筑物之间建筑间距很小，一旦发生火灾，往往会蔓延至其他建筑，造成火灾局势扩大，如图4.19为2015年青岛台东步行街火灾事故，造成了严重经济损失。

图4.18 地震灾害

图4.19 火灾灾害

4.2.2.3 潜在危险

（1）建筑质量差。街区建筑建设年代较早，经过长久的使用以及自然条件的腐蚀，街区建筑的质量更是得不到保障，而街区拥有很多违章建筑，而这类建筑在建设初期便没有正规的流程手续，其结构安全更是令人担忧，一旦发生倒塌，严重危害人类安全。

（2）设施老化。街区原有消防设施经过长久使用，不少已出现老化，却得不到维修，而随着街区的发展、人口密度的增大，用电设备越来越多，使得电线线路的负荷越来越高，街区火灾风险也越来越大。如图4.20和图4.21所示，设施老化导致抵御火灾的整体能力十分薄弱。

图 4.20　消防栓损坏

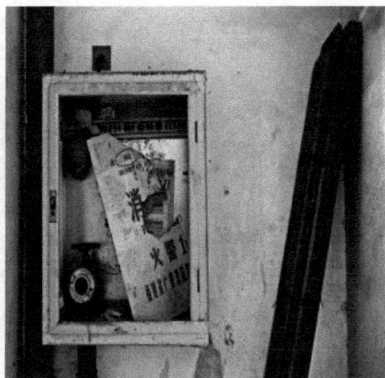

图 4.21　灭火设施丢失

（3）道路狭窄，救援疏散困难。街区道路狭窄，大多街巷的宽度一般在1.5~3m，许多街道由于过窄，大多消防车辆难以进入街区，到达着火建筑，消防工作展开困难，而内部人员得不到及时撤离。老旧街区建筑质量较差，一旦发生灾害，很容易倾倒，阻拦道路，给救援疏散工作带来极大的困难。

（4）避难空间少。街区建筑密度较大，建筑密集，公共空间较小，由此可使用的避难空间面积较小，街区空间多为建筑前面空余场地，这些场地均无法满足街区避难要求。

（5）人口结构不合理。街区人口密集，均以老年人为主，且人群文化层次普遍偏低，收入悬殊、加之观念不在一个层次。这容易引起街区结构差异，邻里关系淡漠，而灾害发生时，不能互帮互助，只顾自己逃散，造成严重的问题。

4.2.2.4　街区传统防灾存在的问题

（1）以物质防灾为主，非物质防灾亟须加强。街区防灾规划主要体现在物质系统防御上，包括完善地下避难空间、加设防控工程等来抵御外界灾害，来自非物质的防御却并未得到重视，包括对居民群众的安全教育，消防演练等。街区的灾害因素多元化，常常造成不可预料的损失，街区系统复杂，不仅承受着自然界的不稳定因素的冲击，还承担着社会各种风险的冲击，仅仅保护街区抵御自然界灾害是远远不够的，还需加强对街区居民掌握防灾减灾技能、安全教育、安全管理等知识的培训。

（2）主要针对防震防火，综合防灾较为薄弱。街区传统的防灾主要针对街区防震和防火设计，尤其是消防设计。街区几乎所有的建筑中，都备有消防灭火器，虽然地震、火灾是常见的灾害，但是由于灾害的不确定性，各种物质之间的相互影响，会产生连锁反应，因此，在街区防灾设计中，应综合考虑街区的防灾能力，将街区防灾设施与城市市政防灾联系起来，增强街区的防灾能力。

（3）灾害制度管理不到位。由于街区灾害类型的广泛性，灾害管理部门也牵连甚广，各部门之间信息传递速度不及时，关联性较差，所以在灾害发生第一时间就会在管理上出现大问题，各部门只负责街区工作的一部分，救援和重建的力量往往不能覆盖每一部分，因而达不到预期效果。

4.2.2.5 街区防灾产生问题的原因

A 密集的建筑空间

（1）建筑群空间密度高，易引发灾害蔓延。街区的建筑空间特征之一就是建筑密度较大，造成的后果就是当一栋建筑物发生火灾之后，其周围的建筑会受到牵连而着火，造成灾情蔓延，再加上老旧街区的建筑材料耐火等级大不如从前，一旦发生灾害，危险性极大。

（2）建筑群尺度长，易造成疏散系统堵塞。老旧街区建筑的另一特点是，街区建筑尺度长，进而发展成为超长建筑群，如图 4.22 所示。一方面，超长建筑群对街区疏散造成威胁，疏散通道往往只能横向疏散，而与之对应的纵向往往是长长的建筑群，这样灾情发生之后，人们只能单向疏散；另一方面，街区多数建筑未设置消防报警系统，一旦发生灾情，不能得到及时救援，造成严重后果。

（3）建筑间距小，易加重灾害影响。老旧街区街巷空间一般是由建筑围合而成，建筑间距小，如图 4.23 所示。建筑间距过小，一方面，不利于周围建筑物的安全，一旦发生灾情，街区迅速形成拥堵局面，不利于疏散，同时也影响救援车辆的驶入；另一方面，若发生灾情造成建筑物坍塌，则会造成白鹭拥堵，同时影响周围建筑物安全。

图 4.22　超长建筑群　　　　　　　图 4.23　建筑间距小

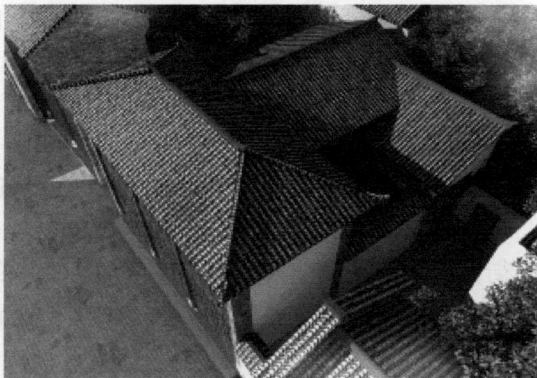

B 脆弱的街区建筑

老旧街区建筑安全隐患主要包括以下两个方面：

（1）建筑质量较差。老旧街区中的建筑普遍存在老化严重的状况，建筑设备出现不同程度的老化，存在建筑结构安全等方面隐患问题，建筑维护结构也没有达到当前相关标准的要求，对于各种管道使用情况也出现不同的损耗程度，污染情况比较严重，街区建筑结构存在隐患，处于危险状态，如图 4.24 所示。这主要是因为随着社会的发展，老旧街区逐渐成为低收入地带，居民收入水平普遍偏低，当街区建筑出现安全隐患时，往往需要居民自己出资进行修缮加固，资金的缺乏使得大部分街区建筑得不到改善。这些建筑不仅不具备抵抗灾害的能力，甚至本身都作为一种灾害出现。

图4.24 建筑质量较差
(a) 墙面腐蚀；(b) 墙面风化

（2）建筑材料耐火等级低。在老旧街区中，火灾事故一直是灾害发生的最高类型，鉴于街区建筑的特殊性，街区建筑耐火等级低下、线路老化、消防设施功能不足，存在较大的安全隐患。

C 路网结构不足

老旧街区路网结构的安全隐患主要体现在以下几个方面：

（1）道路尺度较小。传统街巷的道路空间尺度较小，为行人和简单车辆而设计，街巷的道路空间尺度还限制了救援车辆的通行，因此街区的道路很难满足救援条件，容易造成街区群众生命财产的巨大损失。

（2）道路形式简单。传统理念作用下的老旧街区与现代生活不能完全相容，街区内部路网结构存在较多隐患，多体现在街区内部道路缺少贯穿型交通线路，影响疏散安全。

（3）路网密度较低。老旧街区路网密度已不能适应当今防灾减灾规划的需要，随着老旧街区经济的发展、人口的快速增加，街区的致灾因素也随之增加，街区路网密度已经无法满足现在街区的发展程度，急需增加街区路网密度以保证街区防灾性能。

D 滞后的市政设施

街区的市政设施也是街区防灾的一大诟病，近年来，随着城市发展的加快，我国城市市政的建设水平不断得到提升，但是老旧街区的建设水平却得不到提升，一些老旧街区还存在消防供水不足、水质水压无法满足要求等问题。而产生这些问题的原因则是在老旧街区的改造过程中，忽视了给排水、供热、燃气、道路等街区安全和防灾减灾的基础设施建设，缺乏必要的资金投入，街区市政水平的落后严重影响了街区的安全。

4.2.3 韧性重构

4.2.3.1 防灾设施韧性重构原则

（1）与其他更新改造结合的整体原则。街区的防灾设施改造不是一个单独的工程，是一个系统的工程，街区防灾设施的改造应与街区其他更新改造工程相结合，统筹规划，实现资源的集约利用。目前，我国对于街区的改造多集中于街区间整合改造、街区建筑美化设计以及街区环境提升改造等，很少进行街区防灾减灾改造。但是，既有街区大多存在安全隐患和防灾问题，如果在进行街区其他改造时，把防灾改造纳入其中，各种改造措施不仅满足其他改造的需求，也能兼顾街区防灾减灾的需求。

（2）以防为本，防、抗、避、救相结合原则。街区的消防改造应坚持"以防为本，防、抗、避、救相结合"，是指在改造中，应发掘以受灾重点元素为防灾重点工作进行防灾改造工作，增加对重点受灾元素的防灾能力；同时，也应增强街区的抗灾、避灾、救灾能力，灾害的威力是巨大的，防灾设施并不能抵御灾害的完全不发生，所以在街区的改造中，也应建立设施以保证街区在经受灾害时的自救能力，因此，在街区的防灾规划与防灾改造过程中，一定要遵循"以防为主、防、抗、避、救相结合"的方针。

（3）因地制宜的原则。由于我国老旧街区数量众多，每个街区的具体情况也不尽相同，故而在街区改造中，并不能完全套用一种改造模式去进行，应该根据街区的现状与自身特点，充分利用其内部或者周边已有可利用的防灾资源，因地制宜地制定适宜该街区的防灾改造措施。往往根据街区所在的地理位置、气候条件等因素的不同，每个街区所面临的风险因素也不尽相同，所设置的防灾措施也不一样，因此在街区改造过程中，应因地制宜，统筹规划街区防灾可能面临的各类因素，构建出街区综合防灾系统。

（4）立足国情的经济适用原则。目前，国外拥有很多在防灾减灾方面的先进理论和实践经验，这些理论和技术可以很好地抵御街区受到灾害的破坏。但是往往也伴随着高成本、高投入。而立足于我国的基本国情，拥有大批量的老旧街区需要改造，但是将有限的资金和资源发挥最大化的作用就要求我们不能盲目地追求高科技、新技术，应该立足我国经济现状与当前国情，以经济适用为基本原则，合理地制定街区防灾改造措施，最大化地提升我国街区的防灾减灾能力。

（5）可持续与智能化原则。可持续与智能化原则是指在改造过程中使用在不损害未来需求的前提下满足当前需要的资源、材料。街区应建立完善的灾害管理系统，指挥控制中心应联动每一家商铺的防灾设施，包括自动报警系统、自动灭火系统和应急广播系统等，并能接收这些系统的工作信号，实时监视其工作状态，并可随时对这些系统发出相应的控制指令，以便能够随时了解每一栋建筑物的实时情况，并能在灾害发生的第一时间发出警告，通知周围人群合理疏散并开展救灾工作。

可持续发展已经成为全球各个领域长期发展的指导方针，街区设计与改造自然也不能例外。街区防灾系统的改造一方面要考虑灾害防御、灾后避难的要求，另一方面也要充分考虑优化街区生态环境的要求，利用智能化技术减少对自然环境和生态资源的影响。

（6）平灾结合的原则。近年来，随着环境的变化、社会情况的复杂多变，大规模灾害时常发生，街区防灾减灾已成为街区重构规划中重要的一部分，但是街区的防灾设施不能脱离街区空间而独立存在，它应贯彻平灾结合，应时而变的原则，平时防灾空间和防灾设施的形式应作为街区中的公共空间、绿地景观等，承担居民休闲、娱乐的功能；灾时则可以迅速转变功能，承担街区避难空间、应急防灾设施等功能。

（7）遵循群众的行为模式原则。灾难发生后，人的行为决定了受灾之后的损失程度，也决定了街区重构的防灾减灾设施布局，因此，街区防灾减灾设施重构应遵循群众的行为模式原则。当灾害发生后，人的心里与行为往往是不同的，人的避难行为一般具有以下几种特点：就近、亲地、向光、从众、归家、优先选择熟悉通道与场所、奔向开阔区域等，因此，在设置老旧街区防灾减灾设施时，应以人群的行为特点为准则，合理设置街区防灾系统。

4.2.3.2　街区防灾设施改造策略

A　应对地震灾害的防灾改造策略

地震产生的直接后果为物品坠落，房屋、设施倒塌，地面塌陷等危害以及产生人员伤亡、财产损失。由于老旧街区建筑密度高、建筑质量差、开敞空间少、疏散通道不足的特点，对于等级较高的地震，街区的抗灾能力几乎可以忽略不计。因此则需要在街区建设抗震防灾设施，街区抗震空间改造一般包括公共场所空间改造以及建筑空间防灾改造，老旧街区建筑密度高，广场面积相对也较少，公共开放空间严重不足。建筑空间防震改造策略包括院落疏散规划和建筑抗震设计，此为街区防灾改造的重难点。

a　应急避难场所

应急避难场所是针对公共突发事件而设置的紧急避难场所，街区应急避难场所的设置应结合原有街巷空间、街区广场等空间进行布置，保障其与居住空间和安全疏散通道之间的联系，应急避难场所应保证具备一定的生活条件，保障人群的生活安全。

b　安全疏散通道

街区安全疏散通道的规划中，应符合城市安全疏散通道规划的要求，根据街区规模、大小等因素具体对街区疏散通道进行设置，若街区规模较大时，安全疏散通道宽度可依据实际情况做宽处理，若街区规模较小时，安全疏散通道宽度根据街区道路做到最大。

c　建筑抗震加固改造

老旧建筑的价值不同，结构可以改动的程度和范围也是不同的。只允许做微小改动的老旧建筑物，可以通过缝修补法和基础隔震法等方法对建筑物进行抗震加固。此外，若因为某种原因不能对老旧建筑进行完全修复和加固，可以采取临时加固的处理措施。对于部分建筑可以改动的建筑物，除了上述方法之外，还能采用构件替换法来对老旧街区建筑进行抗震加固。对于允许较大程度保护性再利用的老旧建筑，可以采取在不影响建筑外观的情况下，改变内部结构的做法，如增加设置剪力墙等使用使结构受力的方法来进行抗震加固。

B　应对内涝、洪灾灾害的防灾改造策略

街区的防洪工程系统主要有防洪工程措施和非工程措施，防洪工程措施主要有河道整治、修建堤防、改造排水管渠等三类工程。防洪非工程措施主要有建设蓄水渗水系统、加强防洪设施管理等两类内容。而老旧街区应对洪涝灾害的防灾改造策略主要包括蓄水、排水工程改造和建筑防洪加固改造两点。

a　蓄水、排水工程建设

（1）蓄水，主要是通过蓄水工程建设增强老旧街区雨洪调节能力。常见的老旧街区蓄水工程建设措施有：改造原有坑塘和洼地，坑塘或雨水集中处采用加速雨水下渗的材料进行建设。

（2）排水工程改造，老旧街区的排水工程改造除了原有基础上的排水管网的改造，还应该建立绿色雨水基础设施建设，做到绿色环保。

b　建筑防洪加固设计

老旧街区建筑的防洪改造与抗震加固改造具有异曲同工之处。但建筑防洪改造的重点是需要特别注意建筑材料的处理，虽然木材的抗震性能优于砖石，但其防腐性能较差，对于木结构的老旧建筑应该特别注意防腐处理。另外砖石老旧建筑应有防护面层，用以保护墙面，防止洪水浸蚀、剥蚀。混凝土具有良好的防水性能，应当作为老旧街区首选新建建筑材料。

C 应对火灾灾害的防灾改造策略

火灾在老旧街区中常产生惊人的破坏力，老旧街区应对防火改造主要包括合理规划消防安全布局、提高建筑物自身防火能力、采用专用消防设施和技术三个方面。

a 合理规划消防安全布局

（1）调整区域功能。老旧街区产生火灾风险的主要原因体现在：老旧街区承担了大量的城市交通功能以及车辆停放，严重影响了消防车的通行和消防扑救效率。随着老旧街区附近土地的升值和开发，老旧街区周边迅速被开发，人口增加的同时，火灾概率也在增加。改造中需协调考虑周边的用地性质和建设规模，调整和疏散部分职能，减少其对老旧街区造成火灾威胁。

（2）建立防火分隔。设计防火隔离包括外部隔离和内部隔离。外部隔离是将整个老旧街区进行防火分隔，避免周边区域火灾对老旧街区的影响。隔离措施一般是道路、绿带等。内部隔离则主要是在老旧街区内部建立有效隔离。通过防火墙、巷道等进行防火分隔。

（3）进行线路整治。线路整治包括对电线、电缆与电气设施等进行整治，可以采取地下管线的处理方式，架空线路需规划好所需线路，避免出现"蜘蛛网"线路，严重影响市容，也会给街区消防造成严重威胁。

（4）梳理消防通道。消防通道的建立在于充分利用外部市政道路和灵活组织街区内部道路。充分利用外部道路体现在利用老旧街区外部城市道路为主要消防通道，减少消防车辆对内部交通的依赖；灵活组织内部道路，老旧街区内部消防通道的选取尽量利用现有街道，根据老旧街区建筑尺度紧凑、街道空间灵活的特点，进行现场踏勘，规划出从街区外部到达每栋建筑的最合适消防路径。同时考虑到老旧街区道路狭窄，尽量避免车辆绕路的情形，耽误火灾救援时间。

（5）完善消火栓系统。消火栓系统的改造主要包括管网结构的调整、设施的更换和增添和消火栓的布置。消防官网的改造措施有两大类：一种是采用相对独立的消防给水系统，但是这种方法的缺点是形式复杂、受其他因素限制较多，不方便实施；另一种是设置环状官网，此类管网需要配合消防栓以延伸干管。老旧街区的防灾设施改造应根据街区人口数量、街区规模、建筑质量来综合预估街区消防水量，再根据街区的建筑等级、位置、火灾危险程度、街区规模等因素，并进行消防栓的位置布置和间距选择。

（6）配置消防站点。在老旧街区周边应配置专用消防站点，在消防站点的配备上，应根据街区建筑的要求，综合考虑街区的消防现状，合理配置适合的消防设备（消防车辆、消防人员、救援设备、救援工具等）以及安排专业消防人员在消防站点值守。

b 提高建筑物自身防火能力

（1）继承传统防火方法。中国传统防火方法是中华民族五千年来面对火灾总结而出的经验，这些经验技术工艺简单、造价便宜、取材方便，具有很高的借鉴价值。中国传统防火方法主要有涂土技术、抹灰技术、封火山墙技术，这些技术在当今社会均有体现，针对传统方法，我们借鉴并更新了新型防火技术，如防火涂料的使用、防火墙的设置，均是根据传统防火技术借鉴并发展而来。

（2）重视材料的选用与改造。重视材料的选用与改造首先需要做的就是对原有建筑的改造，原有建筑使用材料一般为木材、砖石，对原有建筑进行修复，若采用的主体材料与建筑大不相同，则会破坏街区的美感，因此在街区改造中需注意对建筑进行防火处理，防止火灾的发生以及灾情的蔓延；其次，在改造过程中不可避免地使用现代化材料对原有建筑进行更换和添加，这是需要选择防火性能好的材料。

c 采用专用消防设施和技术

街区内的消防设施主要有以下几类，如图 4.25 所示。

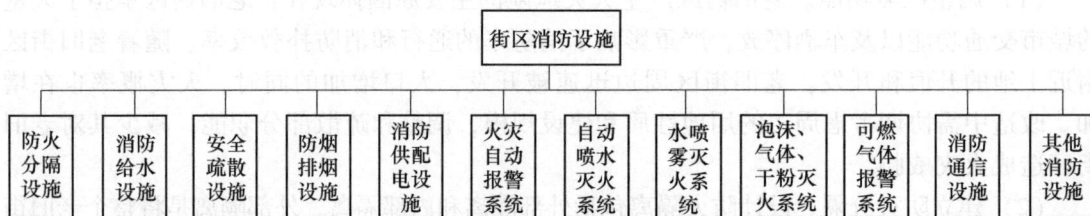

图 4.25 街区消防设施

（1）传承传统消防设施。常见的传统消防设备有水袋、水龙等设备，传统的消防设备在古代消防救援中发挥着不可替代的作用，但是，随着社会的发展，传统消防设备逐渐被淘汰，被现代化消防设备所替代。基于老旧街区的特殊空间环境而言，这些传统的消防设备却有时比现代消防设备更方便，可以保留下来继续使用。

（2）配置特制消防设施。老旧街区火灾灾情的可怕性主要体现在现代消防设备的不适应性、街区建筑的脆弱性和消防救援的不及时性。针对上述原因，现代常用的消防设备往往在火灾发生时无法起到关键性作用，从而造成街区人员伤亡和财产损失。因此，针对老旧街区的特点，需要选择一些适宜街区使用的尺寸较小、灵活方便的消防工具。

（3）采用新技术与设施。新技术和设施的优势主要有两点：一方面可以减少对老旧建筑的破坏。现在某些特殊灭火材料，其使用不仅不会对老旧建筑材料和构件造成损坏，不影响建筑外观，而且在过火后可以迅速恢复老旧遗存原状，真正实现了老旧建筑的原真性保护。另一方面可以确保灾情发现和处理的及时性。自动探测与报警系统可以智能感应到火灾的发生，并把信息及时反馈至消防部门，从而降低火灾危害程度。

消防设施的设置应遵循以下原则，见表 4.5。

表 4.5 消防设施布置原则

原则	内 容
存放牢固的原则	存放牢固的原则是指消防设施的摆放要悬挂在固定位置上，保证其摆放的安全，防止脱落损坏或砸伤行人，影响消防设施的使用功能
设置醒目的原则	设置醒目的原则是要求消防设施要放在显眼的位置，当火灾发生时，人们很容易找到消防设施，并利用消防设施扑灭火灾，但一些商家出于某些原因，将消防设施放置于隐蔽角落，导致火灾发生时，人们无法第一时间找到消防设施，进行火灾扑救
取用方便的原则	取用方便的原则是指消防设施的摆放应以方便人们取用为原则，位置不应太高、太低、太偏，同时，消防设施的摆放不应堵塞正常通行通道，影响疏散

D 完善灾害安全管理制度

定期安排人员进行防灾设施的使用培训以及安全检查，排除安全隐患，对于发现的问题，及时督促整改并进行整改后查验，确保街区安全。

4.3 公共设施韧性重构规划

4.3.1 韧性内涵

4.3.1.1 基本概念

A 建筑配套

建筑配套设施包括有基础设施和公共设施。基础设施是与建筑实体相配套的供水供电、供热、燃气、通信、道路、绿化等设施。而公共设施主要包括相配套的停车设施、娱乐设施、教育设施及商业设施等。

B 建筑配套韧性

建筑配套韧性是指在面对外界不同层面的干扰和冲击作用影响下能够调整控制和适应变化来建设宜居、创新、智慧、绿色、人文的空间。

4.3.1.2 建筑配套韧性重构的意义

老旧街区的建筑配套体现着城市发展的印迹，是城市发展的象征。重构的意义就是为了方便人们的生活。因此在改造过程中，对可以正常使用的配套设施进行加固、修缮；对缺失的设施进行补充。通过调整使之在发展过程中保留其存在价值。

4.3.2 现状梳理

4.3.2.1 建筑配套设施分类

A 教育设施

配套教育设施需覆盖中小学校和幼儿园，这些学校为街区提供完善的教育服务。

B 商业设施

商业服务设施配置齐全，街区内的便民超市和菜市场，满足居民日常生活的需要。居民的传统生活习惯，以及流动商贩带来的便利性使得这些小摊位聚集，形成一定的商业活动。但小摊位占用大量道路，导致交通拥堵的同时，也带来了噪声污染和脏乱差的环境，影响街区安全和日常生活。

C 医疗设施

医疗服务设施要齐全。街区需覆盖大型医院、卫生服务中心等。

D 商业和休闲娱乐设施

老旧街区中很少有公共文化活动场所。因此解决老旧街区居民的公共文化活动所需的场所是更新的一个重要方面。街区内的活动设施布置单调，一般在空旷空间零星布置一些健身器材供居民使用，并时常出现设施破损的现象，如图 4.26 所示。

4.3.2.2 建筑配套现状

（1）建筑密度过大，配套设施缺乏。老旧街区大都存在建筑密度高、空间尺度小、道路形式简单等问题，以致于老旧街区中很少有公共文化活动场所，甚至街道居委会都使用街边店铺，没有合适的场所。

（2）建筑本体老旧，日常出行困难。随着城市的发展和老龄化人口加剧，老旧街区安装电梯成了众多老年人迫切想要解决的问题。建于 2000 年以前的城镇建筑已经老旧，不能满足居民更方便、更美好的居住生活需求。截至 2019 年底，我国 60 岁及以上人口已达

(a)　　　　　　　　　　　(b)

图 4.26　建筑配套设施
(a) 休闲娱乐设施；(b) 服务中心

25388 万，占我国总人口的 18.1%。"十四五"期间我国老龄化水平将超过 20%，即将进入中度老龄化阶段。随着老龄化程度的加深，一些高龄老人常年无法下楼，"悬空老人"问题日益突出，这是城市居住问题的一个突出表现。

（3）无障碍坡道缺乏，阻碍老年人生活。无障碍设计作为老年人群及特殊人群在室外活动保证安全性最有效的措施，但现在的设计中大都没有得到足够重视。多数住宅出入口、广场边缘等存在高差处，无坡道设施或坡道缺失损坏严重等。

4.3.3　韧性重构

4.3.3.1　增设电梯设施

A　电梯轿厢及井道

既有建筑电梯改造工程主要是为满足居民的日常出行需求。由于很多老年人腿脚不便，日常出行需乘坐轮椅，因此电梯轿厢的大小应满足轮椅的尺寸，如图 4.27 所示。

(a)　　　　　　　　　　　(b)

图 4.27　电梯轿厢及井道
(a) 电梯轿厢；(b) 电梯井道

为消除电梯出入口与地面之间的高度差，最大限度地为既有住区居民提供舒适方便的环境，需将电梯井底坑深度向下挖200~300mm；同时为了降低电梯顶层高度，可以采用永磁同步无齿轮主机无机房的形式，这可降低顶层高度约3500mm。降低电梯井的底坑深度和顶层高度能够降低施工难度从而提升建设安全性。

B 电梯间方案要点

电梯间的设计应满足以下要求：（1）机房有良好的采光通风，同时要满足隔热保温。机房地板需承受600kg/m（杂物梯为40kg/m）的均布荷载。在机房的井道平面范围内应设有承重梁，以承重整个传动系统及其负载的全部荷重，在井道范围的机房顶部应设吊钩，其承重量为：对额定起重量为500~3000kg的电梯不小于2000kg；对额定起重量为500kg的电梯不小于300kg。（2）通到机房的通道和楼梯宽度不小于1200mm，楼梯坡度不大于45°。（3）速度15m/s以上的直流梯最好在机房附近另设发电机组机房。（4）井道是电梯专用。井壁要垂直平整，其偏差值不得大于+50mm。（5）厅门口尺寸为装修后的尺寸，建筑上应考虑装修的预留量。（6）速度2m/s以上的客用电梯，在井道的顶部和底部应有300mm×600mm的通风孔。当井道较高时，在中间各层也可增加通风孔。

4.3.3.2 增设生活服务设施

丰富拓展服务要素，加强用地功能的复合性，提升15分钟生活圈的服务韧性，使各类公服具有较高的可获得性，并重视公共卫生、健康设施的抗疫韧性，如图4.28所示。

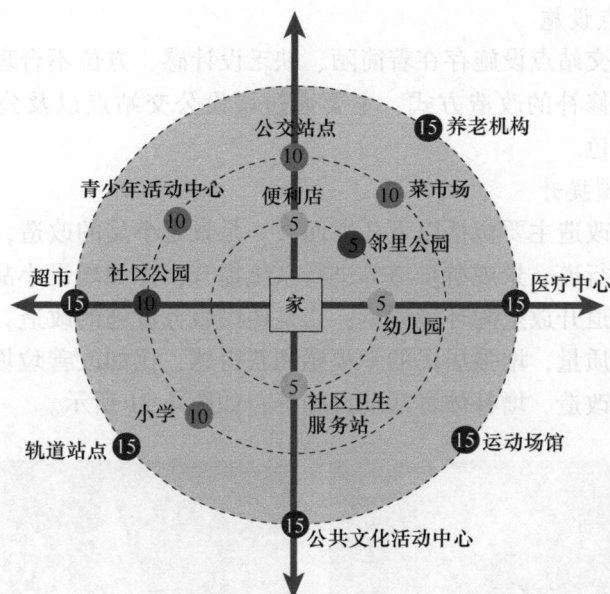

图4.28 生活圈示意图

A 加建独立型的服务设施

在城市老旧街区中增加建设公共服务空间时，首先应当考虑的是住区的公园、广场等开阔的场地。由于居民生活习惯和居住需求，住区内不适合增加大型商业设施，但是老年活动中心、居委会等的布置都需固定的场所，因此可以考虑将这些空间整合在一个建筑内，不仅可以方便居民对多样化生活服务的需求，同时也可以节约用地，如图4.29所示。

B 改扩建为沿街型的服务设施

在老旧街区中，很多住宅的山墙面上只开面积很小的窗户，因此可以利用住宅临街面的空间进行加建。底层加建部分可以沿街道进行布置，并且要将在住区中的小型商店进行整合，以此提供住区公共设施的便捷性和多样性，形成连续丰富的沿街服务。同时，老旧街区中商业和服务业的兴起，也可以为住区里失业或中低收入者提供更多的就业机会，如图4.30所示。

图4.29 独立型服务设施

图4.30 沿街型服务设施

C 增设公交站点设施

针对街区边的公交站点设施存在着简陋、缺乏设计感、方位不合理等问题，需要对公交站点设施采取城市修补的改造方式，主要通过增设公交站点以及公交站点的个性化改造，凸显街区文化特色。

D 小品设施改造提升

小品设施方面的改造主要包括以下几方面：一是景观小品的改造，这类改造通过结合既有的绿化场地、人行道、景观游步道等进行系统提升，比如增设小品雕塑、喷水池、景观树阵等，以提升街道开放空间环境质量；二是便民服务设施的改造，这些设施的改造能够提高街区居民生活质量，增强居民的幸福感和获得感，比如改善垃圾箱的外观构造、对入口指示牌的艺术性改造、增补体育活动设施等，如图4.31所示。

(a)

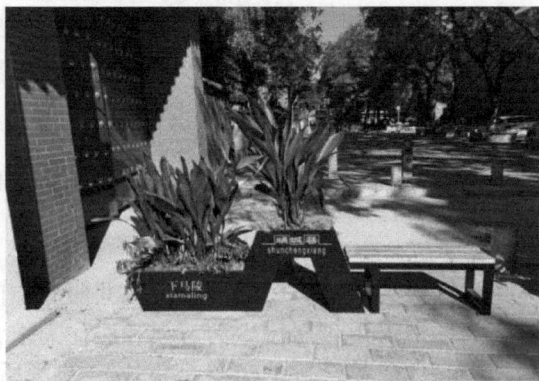

(b)

图4.31 小品设施

(a) 喷泉；(b) 绿植长椅

5 老旧街区既有管网韧性重构规划

5.1 给水管网韧性重构规划

5.1.1 韧性内涵

5.1.1.1 基本概念

给水管网是指城市用来给街区用户输水和送水的管道系统，包括给水管道、相关配件和管网附属设施（给水泵站和水量调节构筑物等）等部件组成。给水管网韧性是指在给水管网系统遭受外界干扰时，系统自发的抵御外界干扰的影响和能够抵御时长的能力，这个能力与系统预测、吸收、适应外界干扰事件的能力息息相关，多用来描述管网抵御风险的能力。

5.1.1.2 给水管网韧性重构的意义

给水管网是街区的基础性设施，随着我国经济的快速发展，人们生活水平的提高，给街区供水管网带来的巨大的压力，原有街区供水管网也存在着或多或少的不足，韧性重构有助于提高街区抵御外界风险的能力，在街区受到外界干扰时，给水管网可以迅速恢复到可以使用的状态，为居民的安定生活和街区企业的稳定发展起到了至关重要的作用。

5.1.2 现状梳理

5.1.2.1 给水管网的分类

给水管网主要有镀锌铁管、铜管、不锈钢管、铝塑复合管、PP 管和 HDPE 塑钢缠绕管等几类，主要内容见表 5.1。

表 5.1　给水管网分类

分类	内　　容
镀锌铁管	镀锌铁管是目前市场上最常见的一种材料，由于镀锌铁管具有使用寿命长的特点，镀锌铁管也是使用量最多的一种材料，但是，镀锌铁管的锈蚀却引发水体变质，导致水体重金属含量高，危害人类身体健康，故而现在已经开始寻找其他材料代替镀锌铁管的使用
铜管	铜管具有经久耐用、施工方便的特点，因此也被广泛使用，但是由于其价格昂贵以及也会遭受腐蚀的因素，铜管也被限制了使用
不锈钢管	不锈钢管具有经久耐用的特点，但是由于其价格昂贵、施工工艺高、强度较大、加工困难的特点，不锈钢管的应用并不是非常广泛

分类	内　容
铝塑复合管	铝塑复合管具有材质轻、经久耐用、施工方便的特点，在市场上非常受欢迎，但是，其缺点是难以作为热水管进行使用，由于热水水温的影响，长期的热胀冷缩会使管网管壁错位造成渗漏
PP 管	PP 管主要有三种：（1）PP-B（嵌段共聚聚丙烯）管；（2）PP-C（改性共聚聚丙烯）管；（3）PP-R（无规共聚聚丙烯）管
HDPE 塑钢缠绕管	HDPE 塑钢缠绕管由钢塑复合的异型带材经螺旋缠绕焊接（搭接面上挤出焊接）制成，具有内壁光滑平整的优点

5.1.2.2　给水管网的现状

随着经济的快速发展，街区规模的扩大，水资源的日趋紧张，街区中原有给水管网系统逐渐呈现出不适应经济发展的短板。

A　给水管网布局不合理

由于早期对供水管网缺乏整体控制，很多街区供水管网布局混乱，存在诸如管线连接复杂，导致事故抢修时停水影响范围大且时间长；有地形标高差，导致水量、水压供应不均衡等问题，给运行管理带来挑战。同时，随着城市的不断发展，街区所容纳的物质和人群不断增加，规模不断扩大，而原有给水系统布局并未跟随街区的发展而更新，难以适应现有的街区要求。

B　给水管道老化，漏耗严重

在管网安装初期，是以完成安装任务为主，给水压力过高、施工措施不到位、施工工艺不满足要求、管网质量差等元素并没有被考虑进去，在后期运行中，维护也不及时，多数管网存在长期超荷运行、使用年限长、腐朽老化、年久失修等问题，造成各种各样的管道问题，如锈蚀、爆管、明漏、暗漏等，如图 5.1 和图 5.2 所示。

图 5.1　给水管锈蚀　　　　　　　　图 5.2　给水管漏水

C　用户对给水的安全性要求不断提高

水质问题一直是很多街区用户难以解决的一个巨大问题，经过水厂处理合格的水源，往往在从水厂到用户之间的管网中发生变质，例如接触被锈蚀的给水管网，水就会和被锈蚀的管道发生反应，从而对水质产生影响，如图5.3所示。

5.1.2.3　给水管网损坏的原因

A　管网自然损坏

在管网损坏的众多因素中，管道老化是主要原因之一，如图5.4所示，使用时间越长的街区，管网老化现象越明显，随着街区经济的发展、人口的激增，街区用水量不断增加，这就使得街区管网的承受压力不断增加，进而引发一系列的管道问题。

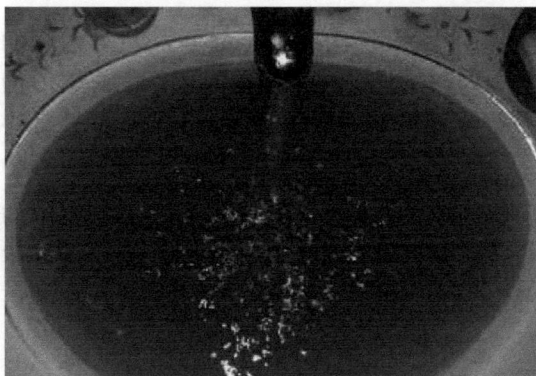

图5.3　给水水质差

图5.4　管道老化

B　管材质量参差不齐

给水管网管材种类繁多，生产厂家有所不同，产品质量差别较大，且在运输的过程中，根据实时情况的运输，对管网的损耗也不尽相同，故配件的质量各异。

C　设计、施工中存在问题

在设计和施工中也会存在一些问题导致给水管网的损坏，例如在埋设地下给水管网时，为详细勘察地基资料，导致地基下沉从而引起管网的损坏；施工过程中由于上面覆土厚度较大或没有安装伸缩器等情形，会导致由于热胀冷缩而使管道发生裂缝，然后引起爆管。

D　闸阀、消防栓漏水

闸阀连接处由于经常需要拧动，水容易从此渗出，长期被水浸泡的闸阀容易生锈，在使用的过程中不断旋转摩擦，常常会产生漏水现象；消防栓的损坏一般表现为人为因素，由于人群的使用不规范或外界意外破坏，造成消防栓漏水。

5.2.3　韧性重构

5.2.3.1　给水管网韧性重构原则

给水管网的韧性重构要从街区实际情况出发，全面系统的对老旧街区的给水管网进行调查、评估、改造，保证用水的质量，同时协调给水和其他系统的相互协调，如此，街区的韧性重构应遵循以下原则：

（1）坚持"一切从实际出发"的原则。街区给水管网的改造是一个系统的工程，常常伴随着街区的整体改造同时进行，首先要坚持"一切从实际出发"的原则，在改造之前，一定要对街区有一个全面、充分的调查和研究，在实际的改造过程中，考虑街区给水工作的需要、施工条件和改造投资情况，在这些工作的基础上提出给水管网的改造规划。

（2）坚持"高质量给水"的原则。高质量给水是在国家倡导建设节约型社会的基础上提出的。节约型社会的主要内容之一就是先节约资源，给水管网的改造要点在于提高街区给水的质量，减少给水使用过程中的水量损失，降低管网发生事故的可能性，保障整个街区在重构之后的给水使用安全。同时，在日常生活中，也应加强宣传节约用水，培养全民养成良好习惯。

（3）坚持"全面改进，重点改造"的原则。街区给水管网的改造是建立在对街区的整体管网改造的基础上，在改造环节中以街区实际管网情况为基础，同时考虑街区发展的实际需求和未来发展规划，对街区的管网进行全面改造之后，在针对用水量大的区域进行重点改造。

（4）坚持"协调发展"的原则。给水管网在改造工程中，从大局着手，依据城市的总体规划，通过实地的调查研究，掌握街区的具体情况，依据改造项目的施工单位工程实施条件和改造资金，分时分段地对街区改造进行调整，保证其协调发展，确保改造的可行性。

5.2.3.2 给水管网改造的措施

街区管网韧性重构需要考虑的措施如下所述。

A 技术措施

a 管材的选用

在对老旧街区的给水管网改造工程中，选材是第一要义，材料选择得好，才能保证管网的正常运行以及使用年限，因此，必须按照国家的规定进行管道选材，需要考虑使用寿命长、防爆、防晒、强度高、延伸率大、抗老化等性能优点，同时也应具备维修简单、价格便宜、内壁光滑等特点。性能较优的材料有 PVC、PPR、PE 等管材，如图 5.5～图 5.7 所示。该类型管材具有重量轻、运输及安装方便、造价低、耐压度强、流体阻力小、耐腐蚀性强、不影响水质等优点。此外，在改造过程中，也可以不断探索新材料的使用。

图 5.5 PVC 给水管网　　　　　　　　　　图 5.6 PPR 给水管网

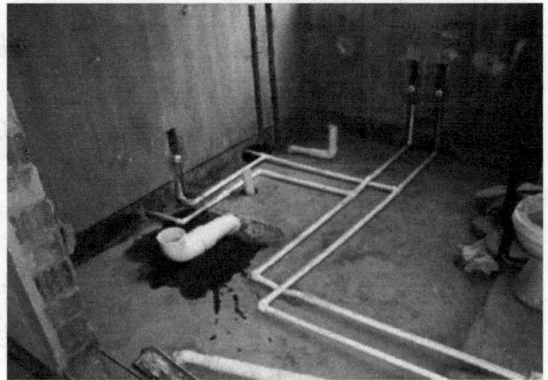

b 向柔性接口发展

以往的管道多采用刚性接口，这类接口在管道受到压力作用后，极其容易引起开裂、断裂；特别是在温差较大时，容易产生热胀冷缩现象。在街区管道重构工程中，可使用球墨铸铁管，并采用柔性胶圈接口，从而大大降低接口处漏水概率，如图5.8所示。

图5.7　PE给水管网

图5.8　给水管网柔性接口

c 做好管道防腐措施

管道防腐是影响管道寿命的一个重要措施，需要防腐措施的管材一般为钢管和铸铁管道，可涂刷热沥青或环氧沥青为管外壁防腐、使用水泥砂浆或环氧煤沥青涂料层衬里来为管内壁防腐。

d 控制管槽开挖质量

在开挖管槽的时候，对管槽底部进行质量控制，防止底部高差较大，造成管道不在一个水平面，从而引起管网损坏，同时也应对管槽底部进行夯实，避免不均匀沉降或起伏不平影响管道底部。

B 管理措施

a 加强给水管网技术档案管理

多数老旧街区的给水管网没有详细资料记载或是资料没有进行归档整理，从而在管道发生故障时，无法得到详细的信息，导致无法对管道进行快速的维修，且在维修时也易因操作失误造成更大的损坏。这些资料包括：管道施工图、竣工图、管径、管材、位置、铺设年代、水压、阀栓、漏点检修记录资料、管网改造结果等。

b 加强管网巡视队伍的建设

在管网重构之后，定期组织相关巡视人员，对管线进行检查，这样不仅有利于保护管网安全，还能排除安全隐患，减少给居民的生活带来的不便。

5.2 排水管网韧性重构规划

5.2.1 韧性内涵

5.2.1.1 基本概念

排水管网是用来排放生活污水以及雨水等的设施，包括雨水污水收集设施、排水管道、排水口等设施。作为街区的服务体系，排水管网在受到突发公共事件和外来事件的影响时，具有一定的适应灾情的能力以及面对灾情的迅速调节和恢复的能力就是其韧性特征。

5.2.1.2 排水管网韧性重构的意义

排水管网韧性重构可以达到以下几个目的：一是针对街区的排水现状，通过分析现有的排水体系，结合整体规划及街区污水处理、水环境治理需求，最终制定适合街区发展的排水系统及相应的排水改造设计方案和设计标准；二是可以完善街区内的雨水排放系统，增强街区道路的防洪排涝能力，减少洪涝灾害的发生；三是可以进一步提高老街区内的污水收集率，改善街区内的水环境，降低河道污水的排入量，建成一套可持续发展的街区管网排水系统。

可以说，排水管网韧性重构对于提高居民的生活水平、改善城市街区环境以及生态安全都具有非常重要的意义。

5.2.2 现状梳理

5.2.2.1 排水管网的分类

排水管网的材质分类与给水管网相同，见表5.1。

5.2.2.2 排水管网的现状

街区的快速发展，人口的激增，使得街区原有的排水管网系统无法满足新的需求，甚至遇见下雨天，常常造成内涝。目前街区排水问题主要可以分为以下几类：

（1）雨污合流普遍。很多街区排水方式为雨污合流，如图5.9所示，这种方式严重影响了排水管网的功能性，不仅给污水处理系统带来处理压力，甚至污染土壤和地表水体；污物还会对管道造成损坏，影响其使用寿命，导致管道堵塞等。遇到大雨天气，污水管难以"消化"，下水道的污水还会漫到路面上来。

图 5.9 雨污合流

（2）管网系统不完善。很多街区的排水管网都缺乏统一规划，管线的建设都是依附在城市建设发展基础上而开展的，边建边修的建设行为，使得排水管网管线布置极为混乱。在进行管道设计与建设时，也没有考虑街区的潜在发展力，对其人口数量以及排水量需求等方面的设计都比较忽视，使得排水管网在街区发展过程中屡次出现服务能力不足的问题，还有部分街区直接通过雨水收集口将雨水或明沟就近排放至河流，影响水质环境。

（3）设计标准偏低。早期的排水管网设计标准普遍较低，这使得当时所使用的管道普遍存在管径偏小、过水能力较差的问题，如图 5.10 所示，尤其是雨污合流的排水管道，极易引起管道堵塞。再加上管网埋置深度较浅，使得排水管网问题爆发，影响了居民生活的正常秩序。

图 5.10 排水管径小

5.2.2.3 排水管道损坏的原因

造成排水管网韧性较低的原因一般可以分为：管道运行压力水锤与气囊的影响、腐蚀老化的影响、管道基础产生不均匀沉降的影响、人为因素的影响等。

A 水锤与气囊的影响

水锤与气囊的影响体现在管道水锤的波动上面，水锤波动是指水在传输的过程中由于阀门的开、关引起的水流的急剧变化产生的大幅度波动的现象，水锤的影响不仅随空间位置而变，而且随时间而变。

B 腐蚀老化的影响

用于排水管网的各种金属管材、阀门、螺栓、螺母等金属构件经过长久的使用，产生不同程度的腐蚀，根据腐蚀的案例可以分为化学腐蚀和电化学腐蚀，如图 5.11 所示。

C 管道基础不均匀沉降的影响

管道基础不均匀沉降可分为自然沉降以及非自然沉降。（1）自然沉降是指在建筑初建时，未对建筑地基做详细的资料勘察，地基中的软土地基未被发现，在后续的使用过程中，地基自然产生沉降，对管道造成破坏；（2）非自然沉降是由于地面的运行情况，包括地面运输负荷对土地的挤压，下雨地基进水变得软弱等情况产生的不均匀沉降，使得管网接口产生渗漏、断裂的现象，如图 5.12 所示。

D 人为因素的影响

管道事故中，除了客观原因导致的排水管网损坏之外，还有一些主观因素导致的管道事故主要有以下几个方面：（1）施工不当。在街区的规划施工中，施工方未弄清地下条件时，就开始盲目施工，且在施工过程中，因为不小心损坏管网。（2）管道安装不规范。在管道安装时，未按照要求做好地基处理，发生不均匀沉降，从而使管道发生破裂。管道在运输过程中被损伤、管道未做防腐处理等也是管网发生损漏的重要原因之一。（3）在街区排水管网系统当中，管理力度不足的情况十分普遍。

图 5.11　管网腐蚀

图 5.12　管道不均匀沉降

5.2.3　韧性重构

5.2.3.1　排水管网韧性重构原则
A　远近结合

排水管网的布置必须符合街区的总体规划和未来发展，与街区的发展规模、建筑布局、建筑设计年限、功能分布、道路规划、基础设施建设、环保要求等进行综合考虑。并对街区原有排水管网设施做一个完整性调查，在现状基础上进行合理改造设计，实现可持续发展的要求。

B　充分利用地形地势

排水管网的设计以重力式排水为原则，尽量避免采用提升泵站，因为提升泵站的设置不仅占用微小的街区空间，给狭窄的街区造成负担，同时，设置提升泵站还会产生噪音，影响居民，增加街区用电能耗和费用，不利于街区的可持续发展，此外，增设提升泵站还会增加街区管网的排水压力，从而加大了管网系统故障出现的概率，降低系统运行效率。

5.2.3.2　给水管网改造的措施
A　摸查街区排水管网系统

在对街区排水管网系统更新改造前，需先对整个街区的排水管网情况进行调查，了解其建设情况，明确既有地下管线管材种类、管材管径、管材标高、管材材质等相关参数，详细了解各条管线的运行状况。对于出现脱节、破损、老化的排水管网进行拆除更换，对于问题严重的区域优先改造。

B　选择排水管网管材

合理选择管材保证排水管网能力，提升排水管网质量，提高其抗风险能力的一个关键因素。排水管网容易受到外界土体压力和内部污水的影响，对管道的性能要求较高，此外，由于街区内部道路复杂，空间有限，开挖难度较大，故而在选择管材时，应考虑管材的强度、安全性、耐久性等特点，避免频繁更换。目前，比较常用的管材有混凝土管、HDPE 管、玻璃钢夹砂管和钢管等。例如 HDPE 管材，具有较好的抗腐蚀性，其最长使用寿命可达 50 年，管材的内壁十分光滑，能够降低水流阻力，其所具备的橡胶圈承插连接部分，具有非常好的密封性。

C 排水附属构筑物

排水管网的附属设施也是解决排水通畅的必要措施，包括对检查井、防沉降井盖的绿色重构。（1）对于检查井重构，宜选择混凝土模块式检查井，混凝土模块式检查井较传统砖砌检查井有以下几个优点：混凝土模块式检查井具有不易出现缝隙、砂浆不均匀，不宜产生位移、下沉等质量问题，同时混凝土模块式检查井还具有稳定性好、强度高、闭水性高、施工周期短等优势；（2）防沉降井盖选用可调式防沉降井盖，可调式防沉降井盖与传统井盖相比，可调式防沉降井盖施工工艺相对简单，不易出现沉降、调平难等问题，并具有施工噪声小、工期短等优势。

D 合流制转变为分流制

不可否认雨污合流制度不仅影响了现有排水管网的实际排水能力，更是影响排水管网系统质量的"罪魁祸首"。为了避免此种情况再次出现，实现合流制向分流制的转变成为城市排水管网发展的必然趋势。对于路面较宽、易于施工的排水管网规划及改造应坚持合流制向分流制全面转变策略，因为此种改造策略能够大大提升排水管网的排水能力，并最大限度降低管网出现质量病害等问题的出现概率。对于路面偏窄，地下管线较多，施工较为困难的排水管网应将河流制改为截流式合流制。如遇沟渠，可沿沟渠对污水截流管道进行铺设，并以沟渠为主干线进行雨洪排水系统的规划，沿街道进行雨水管网的铺设，逐渐完善，最后实现对所有截流管道溢流口的封堵，最终实行雨污分流。

E 加强日常维护

街区日益发展，人口增长迅速，这就造成了街区排水管网出现事故可能性的增加，为了避免排水管网出现事故，应加强对排水管网的检查、疏通、维修工作，不仅能够增加排水管网的运行效率，还能有效地避免污水对自然水体的污染，避免邻近水域产生黑臭水体现象。

5.3 电力管网韧性重构规划

5.3.1 韧性内涵

5.3.1.1 基本概念

电力管网是指街区内各类给用户输电的设施，包括架空线路、电缆、杆塔、配电变压器、隔离开关、补偿器及一些附属设施等。电力管网韧性是指受到突发公共事件和外来事件的影响时，电力管网系统具有足够的适应性、抵抗性和自我调节性能，能够快速恢复正常使用的能力。

5.3.1.2 电力管网韧性重构的意义

（1）降低配电网线损，提高系统经济性。电力管网韧性重构之后可以起到降低电力管网的能耗和线损的作用，提高电力管网系统运行经济效益。例如在电力管网运行时，可以通过改善管网运行方式以降低管网网损，达到经济性的目的。

（2）均衡负荷，消除过载，提高供电电压质量。不同类型的电力管网所承载负荷是不同的，在变电所的变压器及每条电线线路的负荷出现时间是不相同的，通过电力管网韧性重构，可以将负荷较大的电线线路负荷平衡到负荷较小的电线线路上去，这种转移不仅平衡了每条电线线路的负荷水平，减少过载荷载，同时还能改善电压质量，有效地减少整个系统的网损。

（3）提高供电可靠性。传统街区电力管网在发生故障时，往往会导致一整个片区全部停电，严重影响了街区的生产生活，给人们的生活带来了巨大的困扰。在街区电力管网韧性重构之后，可以有效依赖街区电力管网系统中的分段开关隔离故障线路，同时将故障电线线路的负荷转移到其他线路上去，从而能够达到隔离故障电路和快速恢复供电的目的。

5.3.2 现状梳理

5.3.2.1 电力管网的材质分类

电力管网是用来给街区供电的电线、变压器等共同组成的电力系统网络，常见的电力管网材料有金属类电力管材、塑料类电力管材、复合材料类电力管材、BWFRP 挤电力管材四类，见表 5.2。

表 5.2 电力管网分类

分 类	内 容
金属类电力管材	金属类电力管材常常使用镀锌钢管、涂塑钢管为主要管材，此类管材的制作工艺为通过热喷涂工艺将钢管与塑料复合而形成的一种外部为镀锌层、内部为涂塑层的复合管材，金属类电力管材具有耐蚀性和耐磨性
塑料类电力管材	塑料类电力管材是以聚氯乙烯管、硬质聚氯乙烯管类电力管材为主要管材，通过将聚氯乙烯树脂与稳定剂、润滑剂等相互融合后用热压法挤压成型，也是现如今使用最广的管材之一
复合材料类电力管材	复合材料类电力管材应用非常广泛，常用的复合材料类电力管材有铝塑复合管、塑钢复合管、MPP 玻璃钢管、玻璃钢管等管材
BWFRP 电力管材	BWFRP 电力管道是新型工艺纤维编绕拉挤的产品，BWFRP 管道是在高温高压下一次成型，产品使用新工艺新材料制作而成，使得 BWFRP 管道各项性能参数均优于其他同类电力管道

5.3.2.2 电力管网的现状

A 电网结构不合理

由于不是整体规划，许多线路并非同一时间布置，往往出现很多多余管线，不仅加大了街区管网的损耗，同时也影响了街区的区容区貌，同时给维护工人维修时带来了诸多不便，如图 5.13 所示；还有电力线路与通信线缠绕、低压线路跨越机动车道等情况，存在线路运行安全隐患。

B 电网设备不达标

电网在实际运行中，由于设备故障而导致的电网事故约占电网所有事故的 50%。一些性能落后的陈旧设备，得不到及时维护和改造；一些设备，在负荷增长、网架结构等因素下，长期满负荷运行；设备的正常检修、预试、维护、消缺无法按计划执行。

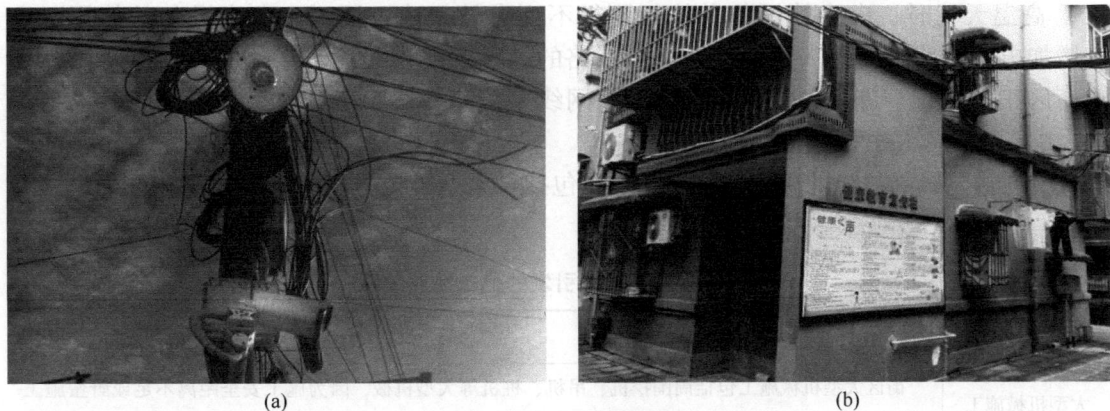

图 5.13 电网设施
（a）改造前；（b）改造后

C 无功不足的程度较高

老旧街区往往有很多的感应电动机，这些设备与变压器都需要一定的无功。但是，现阶段街区电网在无功补偿上还是处在相对落后的阶段，功率因数比较低，线路末端的电压也相对更低。

D 负荷率低且不平衡

很多街区变压器都是空载状态，运行效率相对较低，造成大量电力损耗，还有的地方存在着违规乱接的现象，导致了电力损耗的提升。

5.3.2.3 电网输电线路故障原因

A 恶劣天气引发的输电线路故障

a 雷电

雷电对电力管网的危害主要体现在雷击通过电压，特点在于其通过时电压高、峰值大，往往超过输电管网承受的峰值，从而引发电路故障，对电力管网线路危害极大。一般雷击通过电压主要有两种方式：（1）直击雷过电压，就是雷电直接击中电路后放电产生的过量电压，引发电路跳闸；（2）感应雷过电压，就是雷电击中电力管网线路周边区域，由于电磁感应，对电力管网线路产生过量电压，造成电路故障。

b 强风

强风对电力管网线路的影响有以下两个方面：（1）强风直接吹倒电线杆架或刮倒电线周围其他物品（如树枝等）使电线被损坏，造成局部断电，严重时，可能使用电设备损坏或引发电力事故，影响居民用电安全；（2）强风影响电线偏离原有位置，引发风偏放电现象，导致输电线路故障。

c 冰雪

冰雪引发输电线路故障体现在电路承载冰雪的压力，导致电杆和电线的荷载增加，使得电杆倒塌或线路折断，产生危害。

d 其他恶劣天气

其他恶劣天气引发输电线路故障的还有高温、冻雨等。高温对电力管网线路的影响主要有两种：（1）增加用电负荷，造成街区电力管网容量不足，无法满足用电要求；

（2）高温天气时，电力管网的散热问题得不到有效解决，同时，电力设备的使用，也会增加电力线路的发热，进而加速电力线路的老化，严重时还会导致电力线路跳闸，影响街区正常运行。冻雨可能会造成电力管网线路覆冰，影响街区电路输电效率。

B 外力破坏引发的输电线路故障

引发输电线路故障的外力破坏因素主要包括：大型机械施工、异物短路、电力设施盗窃、自然灾害等，见表5.3。

表5.3 外力破坏引发的输电线路故障

影响因素	内 容
大型机械施工	街区大型机械施工包括周围挖机、吊机、桩机等大型机械，因为施工安全距离不足或野蛮施工等原因造成电力管网线路损坏或线路接地故障
异物	异物引发的输电线路故障有街区漂浮物（如风筝、气球、垃圾袋等）因刮风漂浮缠绕电线或者高空抛物等异物坠落在电力管网线路上引发线路短路、短路等情形
电力设施盗窃	由于街区电力管网无人看管，常常出现电力管网设施附件被拆除、居民偷电现象，操作不慎则易引发电力线路故障，主要破坏形式以塔材导线丢失为主，严重时可造成线网被盗、倒塌、断线

C 鸟害引发的输电线路故障

据相关统计数据表明，鸟类活动也是引发街区电力管网线路故障的一个重大原因，鸟类飞行撞击线路、在电杆上筑巢、鸟类粪便等都容易引发电力管网短路故障，引起街区居民用电损失。

5.3.3 韧性重构

5.3.3.1 电力管网韧性重构原则

A 整体规划原则

电力管网系统的韧性重构过程中，需要结合城市的电力管网，对街区电力管网做一个总体规划，并根据城市的发展，预测街区未来的用电量，从而提高供电能力和供电质量，也使街区的发展与建设，能够得到安全可靠的电力能源支撑。

B 全局原则

建设街区电力管网，是统筹街区发展的基础。要以通过的审批规划，作为指导电力管网建设规划的依据。从实际用电需求着手，保证电力管网的适应性，达成街区电力管网改造工作的近期与远期结合。

C 因地制宜原则

每个街区都有自身发展的特色，具有明显的区域差异性，在街区电力管网韧性重构建设的过程中，应当坚持客观的原则，在降低电力能源消耗及电力管网线路损耗的情况下，因地制宜地对街区电力管网进行优化配置。

5.3.3.2 输电线路故障防治对策

A 针对恶劣天气的防治对策

a 防治雷电故障的对策

针对街区电力管网防治雷电故障的对策有：减小避雷线的保护角、增强电力线路的绝缘水平、架设耦合地线、降低杆塔接地电阻、加装保护间隙和安装线路氧化锌避雷器等方式，都可以对电力管网的防雷电起到较好的效果。在韧性重构工作中，应该根据实际情况，具体问题具体分析，寻找一个最佳的防雷电方案，同时不断采用新技术、新方法，针对雷击的故障原因重点改造，将可以起到事半功倍的效果。

b 防治覆冰故障的对策

以针对覆冰整治为主，对覆冰地段做好整治措施。在寒冷天气和极端天气下，加强对电力管网线路的检查力度，力求第一时间发现线路覆冰情况，一旦发现街区电力管网覆冰，应及时向上反馈并进行处理。常用的治理覆冰故障方法有机械破冰法、热力融冰法、化学物质融冰法等。

B 针对外力破坏的防治对策

加强电力设施保护宣传工作，增强街区群众对电力设施的保护意识，共同维护电力设施安全，并鼓励居民监督电力管网设施的保护工作。一旦发现违法乱纪行为，能够快速举报，相关部门加强对电力设施的保护执法力度。共同维护街区电力管网设施的安全。同时也应采取一些外在的保护措施，一方面，有效地避免行人行车撞击电力设施发生故障，避免行人或动物接触电力设施发生生命危险，另一方面，也能有效地防止电力设施的被盗行为，如图 5.14 所示。

(a)   (b)

图 5.14 电网设施保护

(a) 地下电网设施保护；(b) 空中电网设施保护

C 针对鸟害的防治对策

可通过驱鸟、防鸟、疏鸟三个方面来预防鸟类对街区电力管网造成破坏，见表 5.4。

表 5.4 针对鸟害的防治对策

名称	内 容	措 施
驱鸟措施	驱鸟措施就是在电杆杆塔上安装使鸟类害怕的装置来驱赶鸟类的一类设施，使鸟类远离电力管网，减少事故的发生	常见的驱鸟措施有风车式反光镜、声光驱鸟器、惊鸟牌等

名称	内　容	措　施
防鸟措施	防鸟措施是在电杆杆塔上安装一些限制鸟类活动的装置，避免鸟类在杆塔上栖息、筑巢等活动，以此减少事故的发生	常见的防鸟措施有安装具有收放功能的防鸟器、安装防鸟挡板、安装防鸟针板、安装防鸟盒、安装硅橡胶伞裙、安装硅橡胶绝缘护套等
疏鸟措施	在适当区域为鸟类设置一些可栖息的地方	常见的疏鸟措施有在远离街区搭建人工鸟巢等措施

5.4　热力管网韧性重构规划

5.4.1　韧性内涵

5.4.1.1　基本概念

热力管网是用来给街区用户供热的供热管道，整个街区全部供热管道形成街区热力管网。街区热力管网韧性是指作为街区的服务体系，受到突发事件的时候，具有足够的适应性、抵抗性、学习能力、自我调节和恢复能力。

5.4.1.2　热力管网韧性重构的意义

街区热力管网分布广、分支多，经过长久的使用，部分热力管网出现管道老化、腐蚀严重、技术落后、供热效率低下、供热不稳定等问题，影响了街区生产和生活。此外，原有热力管网排铺设时，未考虑街区的发展以及管网的实用性，管网呈网格状布置，这种做法使得其结构复杂、控制复杂，同时也增加了投资。街区热力管网韧性重构，可以有效减少热力能源消耗、降低热力管网运行费用，同时也能提高街区热力管网的运行安全性和经济性。

5.4.2　现状梳理

5.4.2.1　热力管网的分类

热力管网是由多个热力管道组合而成，热力管网的分类常按照热媒种类、所处地位、敷设方式、系统形式和供回分类等进行，主要有以下几种，见表 5.5。

表 5.5　热力管网的分类

分类方法	种类	说　明
按热媒分类	蒸汽热网	高压；中压；低压蒸汽热网
	热水热网	高温热水热网：$T \geqslant 100℃$；低温热水热网 $T \leqslant 95℃$
按所处地位	一级管网	从热源至热力站的供回水管网
	二级管网	从热力站到用户的供回水管网

分类方法	种类	说　明
按敷设方式	地沟敷设	通行地沟；半通行地沟；不通行地沟
	架空敷设	高支架；中支架；低支架
	直埋敷设	管道直接埋在地下，无管沟
按系统形式	闭式系统	一次热网与二次热网采用热换器连接
	开式系统	直接消耗一次热媒，中间设备极少，但一次热媒补充大
按供回分类	供水管	从热源到热用户的管道
	回水管	从热用户到热源的管道

5.4.2.2　供热管网的现状

在经过多年的使用之后，老旧街区热力管网的脆弱性也逐渐体现出来，越来越多的问题困扰着街区，已经无法满足居民对美好生活的需求。

A　供热结构单一

很多传统街区的供热以烧煤为主，此类方法供热单一，同时煤炭作为一种不可再生能源，大量使用不利于我国经济的可持续发展，也对街区环境造成了一定的污染。

B　供热设备老化，安全性能降低

街区内很多热力管网为超年限使用运行或者缺少维护，管道老化、腐蚀严重，造成传热效率降低，能量损失严重，既影响了街区的正常供热，也埋下了安全隐患。

C　部分街区供热设备规划不统一

由于街区内各类建筑建设时间不同，街区的热力管网也不是统一规划，出现很多不合理管网的布局，采用的供热设施材质和质量也不统一，难以实现统一化管理。街区在使用过程中功能的转变，也会对原有管网造成不同的影响。

D　供热企业规模小且布局分散

街区供热的经济效益受供热面积与热负荷率匹配度影响较大，部分老旧街区供热管网由多家企业联合供热，大部分供热企业规模小、布局分散，既增加了供热成本，又影响了供热质量。

E　热计量收费推广艰难

按照国家标准要求，供热设施需要给用户提供分户计量和室温调控功能，根据用户的用热使用量进行计费，但目前很多街区对于供热计量收费标准并不统一，街区的建筑物供热效果也不一致，因而存在着很多问题。

F　管网缺乏总体设计

我国街区的快速发展使得街区规模变大、人口增加，对供热的要求也越来越高，相应的管网铺设也随之增加，但是管网的铺设缺乏总体考虑，对街区管网的设计也没有统一要求，从而造成大量管网铺设浪费，占用大量空间，也对街区供热效率造成浪费。

G　管网材质差

由于老旧街区建设时间较早，很多以前铺设的热力管网存在管道材质较差的情况，强度也偏低，经过多年的使用，管道发生破损，传热保温效率较低，平时维修成本也很高。

5.4.3　韧性重构

5.4.3.1　热力管网韧性重构原则

对已接入和拟接入的热用户管网全面排查、现场踏勘检测，做到全面校核、统筹规划、应改必改；根据现实情况，制定科学的韧性重构方案，在保证街区热力管网运行质量的前提下，力求寻找最节约的重构方法，减少街区热力管网供热散失，增加供热效率；同时，严格改造过程监管和改造后的验收，严把质量关，严把接入关，并做好后期维护。

5.4.3.2　供热管网改造

A　调整供热管网布局和敷设方式

在街区的供热管网韧性重构过程中，首先需要对街区整体情况进行调研，根据用热需求，对街区热力管网布局进行调整，并从节能环保、降低造价、施工方便的角度出发，调整街区热力管网的敷设方式，提高热力管网的运行效率，使其既能符合街区现在的实际用热需求，也为未来的发展留有余地。

B　增加管道保温材料

可以选择聚氨酯硬质泡沫塑料，将其放置在直埋热水管道，能够很好地进行保温，同时还能提供一定的硬度。

C　热力站、供热计量及节能改造

为利于供热工况调节和运行，应装设手动调节阀、差压控制器和热量表。室内敷设能实现分户控制的室内供热管网，与楼道的单元水立管并联，并在连接的供回水管线上加装锁闭阀。

D　解决水力失调问题

当集中供热系统无法满足用户所需的热源量时，便会出现供热入不敷出的现象，使得管道初端和末端出现远冷近热现象，这便造成水暖管道的水力失调。为了解决这个问题，首先在计算热负荷时，设计人员要认真核算，缩小理论值与实际值之前的差距；应逐段进行管道水温变化计算，以实际的水温进行系统主干管和立管的水力计算；在设计时尽量缩短供热主干管、支管的长度，减少沿程阻力。

其次要把握好供热管道的联网工作。对建筑结构及建筑设备的构成和质量进行严格的检查，排除安全隐患；供热设备的施工要严格按照规范工序实施，严格控制施工质量，所采用的施工技术要合理；对交换站、供水管网等要进行系统、全面的管理和控制，及时有效地预防和处理存在的问题。

5.5　燃气管网韧性重构规划

5.5.1　韧性内涵

5.5.1.1　基本概念

燃气管网是指街区从输入到街区用户的全部设施、管道所构成的管网，具体设施有：门站或气源厂压缩机站、储气设施、调压装置、输配管道、计量装置、管理设施、监控系统等。燃气管网作为街区的服务体系,受到外来事件的影响时,应能够快速恢复,具有足够的适应性、抵抗性和自我调节能力。

5.5.1.2 燃气管网韧性重构的意义

街区燃气管网的韧性重构对街区的发展意义重大:(1)提升管网的安全性。在对街区燃气管网的韧性重构中,可以排除既有燃气管网的安全隐患,对其管材进行更换,提高结构安全性能,并针对隐患问题做出有效预测与监控。(2)改善计量收费弊端。通过对过往燃气计量收费工作中的问题进行整改,可以有效提升计量的精准度,同时也能更好地进行数据的收集,发现其中的不足,节约成本、减少增效。

5.5.2 现状梳理

5.5.2.1 燃气管网的分类

燃气管网可按用途、敷设方式、输气压力等加以分类,见表5.6。

表5.6 街区燃气管网的分类

分类方法	种 类		说 明
根据敷设方式分类	地下燃气管道		一般在街区中常采用地下敷设
	架空燃气管道		在街区燃气管道为了通过障碍时 或为了管理维修方便,采用架空敷设
根据输气压力分类	高压燃气管道	A	2.5MPa<P≤4.0MPa
		B	1.6MPa<P≤2.5MPa
	次高压燃气管道	A	0.8MPa<P≤1.6MPa
		B	0.4MPa<P≤0.8MPa
	中压燃气管道	A	0.2MPa<P≤0.4MPa
		B	0.01MPa<P≤0.2MPa
	低压燃气管道		P<0.01MPa

5.5.2.2 燃气管网的现状

街区的燃气管网布局都是根据当初街区的实际情况进行设计,随着不断发展,以往的燃气管网已经不再适应需要,许多管线均出现了老化、腐蚀情形,且管理人员的变更使得现存燃气管网资料不全,给管网韧性重构带来困难。

A 燃气管网腐蚀严重

燃气管网的腐蚀现象包括管道的内部腐蚀和管道的外部腐蚀。内部腐蚀是由于天然气与燃气管道发生反应造成的;而外部腐蚀导致的原因就是多种多样的,包括燃气管道周围埋设地质环境和管道所使用的防腐材料等。部分的老旧燃气管道防腐采用加强级石油沥青玻纤布防腐,使用寿命一般在20年左右,目前已到了老化失效期。

B 管道焊接不到位

管道焊接是管道产生问题的主要原因之一。在对燃气管网进行焊接时,焊接技术决定了管网的使用安全性，若是有部分管网未焊透、焊接处不融合等情形，将会影响燃气管网的运行效率，造成燃气泄漏，不仅造成能源的损失，同时也污染了环境，严重时可能引起爆炸，危及生命健康安全。此外，在热胀冷缩的作用下，老旧管道的一些接口处及辅助设备可能会出现断裂的情况。

C 管理不规范

早期，不少单位在对燃气管道进行建设时，未按要求进行审批，或向有关部门报建，导致工程盲目建设并使用，竣工资料也缺乏相应的手续，导致在后续查询不到相关建设资料；此外，还存在对燃气管道的运行安全性及燃气设施的完好性未实施严格管理，应急抢险管理能力不足，对已建成的燃气管网的保护工作不到位等问题。

D 无法满足需求

很多街区的原始人数并不多，因而燃气管网的铺设范围相对较小，随着不断发展，人口密度不断上升，其所需要的燃气支持量也拓展为较大的需求量，现有的燃气管网无法满足。

5.5.3 韧性重构

5.5.3.1 燃气管网韧性重构原则

A 总体规划的原则

应结合街区总体规划进行，将燃气管网的重构规划纳入管线综合重构规划中，一来可以减少重复工作；其次能尽快地压缩工期，减少对街区生活的影响；最后也能避免存在相互干扰的设备设施处于同一位置，避免基础设施之间的相互影响，例如，燃气管网的布置须避免与高压电缆平行敷设，否则感应电场对管道会造成严重腐蚀。

B 远近结合的原则

街区燃气管网的布置应体现远近结合的原则。管网规划布线应考虑街区现有所需燃气情况，合理对其进行规划，同时也要预测未来发展，避免燃气管网跟不上街区的发展而无法提供足够的燃气所需。

C 新旧结合原则

韧性重构应结合原有管网进行。虽然街区原有燃气管网存在较多的问题，但整体结构较为完整，输配功能依旧优越，有效利用可以避免对管网系统的破坏以及节省大量资金成本，实现经济与服务的协调发展。

5.5.3.2 燃气管网改造

A 积极利用原有管线

实时勘察分析原有燃气管网的性能，在确定合格的基础上结合各个地区的燃气需求量，因地制宜地进行分层次改造。同时，要实时地考虑到不同地域的地形及周边环境，依据实际勘察后的结果，制定相应的规划方案，避免与其他工程建设出现冲突。

B 更换原有材料

传统街区多以铸铁管为主要材料，铸铁管具有抗腐蚀能力强、寿命长、适用性强的优点，但是，也具有材质脆、韧性差的缺点，遭受较强的外力作用时，极容易发生断裂，造成管网泄漏，出现安全事故。此外，随着时代的发展，许多街区的燃气管道的气源已然转换为天然气，而铸铁管本身是不符合天然气输送的要求的。在改造时，可采用铸钢管或

PE 管代替原有的燃气管道，这两者不仅具有较高的延展性，能够适应天然气输送的基本要求，还能够实时地拓宽管道范围，不容易出现堵塞的现象。

C 智能化管理

安装智能调压器，不仅可以有效感知管网内压力，还可以借助远程监控、数字化控制以及流量监控等先进的技术，对管道内的压力进行调控，当超过一定限值之后，就会报警，防止事故的发生。

6 老旧街区生态环境韧性重构规划

6.1 自然环境韧性重构规划

6.1.1 韧性内涵

6.1.1.1 基本概念

A 自然环境

自然环境（natural environment），是指老旧街区内自然存在的环境，也即围绕着人们周围的各种自然因素的总和，包括所有的地形、地质地貌、动植物、大气、水、土壤、岩石矿物、能源、太阳辐射，和在其范围内发生的自然现象等。

B 自然环境韧性

自然环境韧性（natural environment resilience）是指当灾害发生时，老旧街区内的地质、水、土壤等环境能够全部或部分承受冲击，快速应对、恢复，减轻灾害损失，并保持原始功能正常运行，进而通过内部的自适应过程来更好地应对灾害风险。自然环境韧性的核心就是要快速、有效地应对各种不利因素对自然环境的冲击，减少发展过程中的不确定性和脆弱性，提升其对于未知风险的适应能力。

6.1.1.2 自然环境韧性重构的意义

自然环境要素作为老旧街区的重要组成部分，是营造健康生活环境的基础条件，同时改善着人民的生活质量。现今，由于人类生活、生产建设活动、工业及生活排放的废弃物不断增多，使大气、水质、土壤等污染日益严重，自然生态平衡受到了猛烈的冲击和破坏，导致人们的生活质量、安全和生产的正常运作都无法得到保障，构建自然环境韧性体系迫在眉睫。自然环境韧性对老旧街区最突出的影响表现在：

（1）提高生活质量。自然环境韧性重构就是运用环境科学的理论和方法，在更好地利用自然资源的同时，深入认识污染和破坏环境的根源及危害，研究和防止由于老旧街区居民生活、生产建设活动使自然环境恶化，进而寻求控制、治理和消除各类因素对环境的污染和破坏，有计划地改善环境、美化环境、保护环境，使它更好地适应人类生活和工作需要，促进人类与环境协调发展，提高居民生活质量。

（2）促进社会发展。自然环境对人来说意味着生活生产所需物质的基本来源，也是人类生存的基本条件。而随着自然生态平衡受到破坏，多种资源已出现明显不足，甚至面临着耗竭的危险；水土流失，土地沙化也日趋严重，粮食生产和人体健康受到严重威胁，所以，维护生态平衡、提高自然环境韧性是关系到老旧街区居民生存、发展的根本性问题。

（3）提升老旧街区整体形象。构建自然环境韧性体系对可持续发展有重要意义，同时也是提升老旧街区整体形象的重要举措。保护自然资源，不仅促进可持续发展，还有利于生态文明街区建设。"人与自然和谐相处"的发展理念，真正展现出老旧街区的自然风采，提升社会形象。

6.1.2 现状梳理

6.1.2.1 土地土壤问题

老旧街区开发年代久远，雨污管道及水处理设施已然无法承受现有的排水量，导致雨水、生活生产污水等不能就地消纳、冲刷土壤，造成水分和土壤同时流失的现象。同时，老旧街区对于土地不合理的开发利用，破坏了稳定的地形和制备的生长环境，导致地面植被遭破坏且植被覆盖率越来越少，也导致了水土流失严重，严重时则会出现地面塌陷和楼房倒塌问题。随着人们生活质量的提高，越来越多的生活垃圾产出，大量的不可降解、有污染的垃圾（如重金属、塑料制品、电池等）也随着增加，埋入土壤中恶化土壤原有的理化性状，使土壤性能下降并对人们和动植物造成危害。

6.1.2.2 水资源严重浪费

很多老旧街区基础设施建设方面比较落后，没有对排水管道进行分流，将雨水和污水合成一条管道进行排放，也即雨污合流，示意图如图 6.1 所示。相对于很多主城区所采用的雨污分流来说，如图 6.2 所示，合流对雨水没有更有效地加以利用，降低了地表水的使用效率，在雨天因为排水系统运行效率低还容易导致大面积内涝，对街区人们的安全造成威胁，造成经济损失；工业生产所流出的废水，没有经过有效地处理直接排入河流，导致河流污染严重；很多街区由于管理不到位，没有安装有效的水计量装置，造成"长流水"现象的发生。

图 6.1 雨污合流示意图　　　　图 6.2 雨污分流示意图

6.1.2.3 光污染

光污染通常是指燥光对于人体及环境的污染，目前，老旧街区常见光污染多为建筑镜面反光（图 6.3）以及夜晚彩灯（图 6.4）等，它带来的危害有以下几类：

（1）导致近视及白内障。据科学报道，一般白粉墙的光反射系数为 60%~80%，镜面玻璃的光反射系数为 82%~88%，建筑物的玻璃幕墙、釉面砖墙就像是一面巨大的反光镜，人眼受到强烈的光反射会破坏角膜、虹膜及视网膜上的感光细胞，导致眩晕、疲劳及暂时性失明和视力错觉等危害，易引发交通事故。同时，在长时间光污染环境下生活和工作，致使眼部晶体功能受到影响，损伤后则大概率导致白内障。

图 6.3　玻璃幕墙

图 6.4　夜晚彩灯

（2）产生不利情绪。光污染同样也会影响人们的睡眠质量，夜晚彩灯的照射会穿过眼皮，影响睡眠，从而使人们的睡眠得不到保障、内分泌失调等健康问题，差的睡眠质量因连锁反应会导致人们不利情绪的产生，如失眠、心悸、倦怠无力、食欲不振等类似神经衰弱的症状。

（3）衰老及癌症。光污染导致的衰老也称为光老化，据研究报道，人真正的衰老只有10%是自然衰老，而剩下的90%都是因为光辐射导致的。长时间的光辐射会导致人的脸部皮肤色素沉着，如雀斑、晒斑等，同时还会导致皮肤出现皱纹、粗糙等问题，甚至可能引发皮肤癌。光污染不仅会致使人的皮肤衰老，同时还会引发乳腺癌和前列腺癌，经过研究调查，人们上夜班受到光线刺激，影响激素的产生，内分泌失调从而引发上述癌症的概率要大于不上夜班的人群。

（4）影响生态平衡。光污染会影响动植物的自然生活规律，夜晚过强的光线导致生物钟节律紊乱，有碍其生长。夜里所散发出的强光会直接影响夜行昆虫（如飞蛾）等辨别方向的能力；光线会导致景观湖中的浮游生物生存受到威胁，而促使藻类疯狂生长，影响水质；迁徙的候鸟也因光线而迷失方向致使死亡。因此，光污染严重影响了生态平衡。

6.1.2.4　大气污染

大气污染是指由于自然因素或人为因素导致的大气中污染物的浓度达到有害程度进而影响到人们正常生活生产并造成危害的现象。造成大气污染的原因有很多，包括：工业生产煤和石油等燃料的燃烧所排出的烟尘、一氧化碳、二氧化硫等有害物质；交通运输工具所排放的尾气；农作物及植物的农药喷洒而产生的粉尘等；森林火灾、火山爆发等自然灾害释放出来的有害烟雾等。大气污染物会对人体的呼吸道和眼鼻等黏膜组织产生刺激而引起哮喘、慢性支气管炎、肺癌等肺部疾病；大气中的硫氧化物和氮氧化物伴随着雨水下落导致酸雨的形成，不仅酸化地表水、影响土壤的性能，还会腐蚀建筑物等；大气污染物害会阻碍太阳的辐射，影响动植物的生长发育，且二氧化碳吸收来自地面的长波辐射，导致温室效应；大气污染中的二氧化硫、氮氧化物和可吸入颗粒物引发的雾霾，也在很大程度上威胁着人们的生存环境和身体健康。

6.1.3 韧性重构

6.1.3.1 自然环境韧性重构原则
自然环境韧性重构的原则如图 6.5 所示。

A 利用合理性

自然资源利用合理性是指在老旧街区有限的自然资源里能够被最大限度的利用，包括土地资源、水资源、植被资源等。目前可再生自然资源表现出了明显的衰弱态势，生态平衡遭到不同程度的破坏，是因为急于追求经济效益，而没有重视资源的合理利用。自然资源韧性即要求在对自然资源进行开发利用时，综合考虑自然资

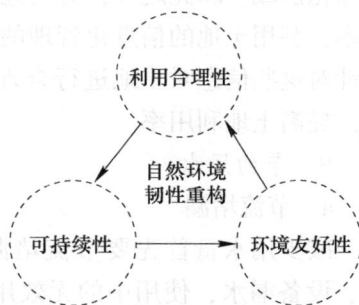

图 6.5 自然环境韧性重构原则

源的存量、分布状况、承载能力及经济需求，合理规定其开发利用的最适宜时间和数量，防止自然资源的不合理开发及利用，合理调节有限资源的耗竭速度，提高自然资源的综合利用率，达到高效合理利用的目的。

B 可持续性

自然资源可持续性是指老旧街区对自然资源开发利用时，受到外部不利因素的冲击仍能保持其生产率的能力，这就要求对自然资源开发利用必须全面规划，合理布局，充分考虑到自然资源的承载能力，满足自然资源总量上的动态平衡，使之能达到持续利用的效果，从而保证自然环境的恢复能力和再生能力。自然资源韧性即要求对于自然资源进行开发利用时，既要满足当前的生产生活需求，又不能损害后代自身对于自然资源的需求，因为自然资源的永续利用是人们持续发展的前提。

C 环境友好性

自然资源环境友好性是指不能够以破坏环境为代价搞掠夺式开发，也即人与自然环境和谐相处。目前大量动物的生存环境及条件都处于受威胁状态，其中包括 178 种哺乳动物、146 种鸟类、137 种爬行动物、176 种两栖动物。据统计，在威胁我国哺乳动物生存环境因素中，人类过度利用占比 32%，生境丧失占比 25%、人类干扰占比 20%，而至于自然灾害、火灾、物种入侵等因素所占比例都在 4% 以下。可见，人们现在对于自然环境的过度开采而忽略环境问题带来的伤害极为严重。因此，在对自然资源开发利用过程中，要严格遵守环境友好性原则。

6.1.3.2 策略
在很多地区，人们开发利用自然资源的区域不断扩大，对环境干预的强度远远超过了自然本身的更新能力，这对于自然环境造成了无法估量的负面影响，气候变化、海平面上升等着自然灾害的发生愈发频繁，强度也愈加严重。但目前建造的抵御灾害的基础设施都是刚性的和静态的，很难应对不断变化且难以预见的新的环境问题。因此，要有效地避免自然灾害造成的巨大破坏，应采取有效措施进行预防和快速恢复。

A 提高土地利用率

老旧街区要提高土地资源利用率，应加强土地规划与管理，需要通过合理有效的措施

加强土地结构的优化，解决土地结构不平衡的问题。应重点确保各部门用地的合理规划，确保植被的覆盖面积，保证建筑用地的合法性和合理性，防止建筑用地过度占用生活休闲及绿化区域。除此之外，对土地资源规划管理技术进行优化和创新也可以提升土地资源利用率，利用土地的信息化管理的手段来实现这一目的，它可以更加系统地统计土地信息，并针对这些信息对土地进行合理的改造和完善，也可以使用建模进行分析土地的整体情况，提高土地利用率。

B 节约用水

a 节流堵漏

减少用水量首先要节流堵漏，找出浪费水的各种根源，如高耗水的设备器具，管道、设备漏水，使用中的无效用水，以及因管理造成的浪费等。一般来说，生活用水主要是通过跑、冒、滴、漏的形式浪费水，主要发生在给水配件、给水附件和给水设备处。

管道接头漏水主要是接头不严密和接头刚性太强；给水配件、给水附件和给水设备的漏损主要是质量原因，其次是安装时密闭不好导致漏损。管理造成的浪费主要是用水收费制度不完善，或没有按照分户、分用途设置用水计量仪表。因此，应对用水器材进行节流堵漏，并完善用水制度，以有效地节约水资源。

b 提高水资源利用率

通过梯级供水和水资源的循环使用合理利用水资源提高水资源的使用效率。"梯级供水"是指根据不同用途用水所需水质的差异，高质高用，低质低用，实现一水梯级多用，这种手段能有效提高水的利用率，从而达到节水的目的。

水资源的回收利用可以收集洗涤后的废水经过简单的静置沉淀来供冲厕、绿化浇灌、空调冷却水、水景补水等使用。同时也可对雨水进行收集，如雨水花园（在本章6.2.3中有详细说明）、透水路面等方式。

透水路面是指用一种新的环保生态型的道路材料对老旧街区道路进行透水铺装，能使雨水迅速渗入地下，还原地下水，同时可有效地排水，将收集到的水用于绿化灌溉、洗车等，可实现"小雨不积水，大雨不内涝"的目标，如图6.6所示。

(a)   (b)

图6.6 透水路面

(a) 道路透水路面；(b) 广场透水路面

C 防止大气污染

（1）改革资源利用结构，减少污染物排放。目前，老旧街区的供暖系统、出行、用电等大多还是使用煤和石油来进行能量转换，但是燃烧煤和石油会造成大气中粉尘、二氧化硫、氮氧化物等，从而污染大气。因此应改革能源结构，多采用无污染能源，如太阳能、风能等或者天然气、煤制甲烷之类的低污染能源，减少煤和石油等污染性强的燃料。无法改变资源利用结构时，可通过改进燃烧技术（如烧煤前先脱硫）以及在污染物排出前使用除尘消烟技术、冷凝技术、液体吸收技术、回收处理技术等消除废气中的部分污染物，减少污染物排入大气中。

（2）完善预警措施。对于大气污染，应有对应的检测系统和突发事件应急管理措施。对于大气污染中不同污染物监测技术见表6.1。

表6.1 大气污染物监测技术

监测技术	技术原理
大气挥发性有机物在线监测系统	环境大气通过采样系统采集后，进入浓缩系统，在低温条件下，大气中的挥发性有机化合物在空毛细管捕集柱中被冷冻捕集；然后快速加热解吸，进入分析系统，经色谱柱分离后被FID和MS检测器检测，系统还配有自动反吹和自动标定程序，整个过程全部通过软件控制自动完成
大气细粒子及其气态前体物一体化在线监测技术	能够进行不同粒径段的细粒子样品成分分析装置，用于解析大气细粒子的来源与转化过程，为大气污染区域协同控制提供基础数据，为区域大气细粒子污染调控措施的制定提供科学基础和监测技术
大气中NO_x及其光化产物一体化在线监测仪器及标定技术	利用光解技术和表面化学方法研发准确测量NO_2的技术，与常规化学发光技术结合开发能够准确测定NO、NO_2、PAN和PPN的技术系统。集成所研制的动态零点化学发光法测NO模块，光降解NO_2模块和钼催化转化模块，制造一体化样机，样机可同时在线精确测量大气样品中的NO、NO_2、NO_y
大气细粒子和超细粒子的快速在线监测技术	针对区域大气颗粒物立体在线监测的技术需求，开展大气复合污染中细粒子及超细粒子物化特性的原位快速测定技术研究，基于"称重法"的振荡天平颗粒物质量浓度监测仪，完成大气PM2.5质量浓度的监测

使用上述技术能够及时监测到大气中的污染物是否超标，然后采取有效手段，如限排、限行等措施来降低污染物的排放量。

6.2 绿化景观韧性重构规划

6.2.1 韧性内涵

6.2.1.1 基本概念

A 绿化景观

绿化景观（greenery landscape），是指老旧街区内栽种植物起到美化和改善环境的艺术。绿化注重植物栽植的物质功能，而景观则是更加注重审美质量，也即更注重精神功能，因此，绿化景观是将基础功能和艺术效果联合起来，让植物能够发挥其综合功能。

B 绿化景观韧性

绿化景观韧性（greenery landscape resilience）是指老旧街区内的绿化景观作为一个独立的生态系统，在未知环境中和外力冲击作用下能够自我适应、自我修复和自我健全的能力，通常表现为生态系统服务或绿化景观服务的可持续性。众所周知，绿化景观除了能提供给人们观赏价值以外，还能提供更多的生态、健康、经济等效益。因此如何将这些"有机体"更好地发挥调适功能，也成为设计师们所始终追求的目标。

6.2.1.2 绿化景观韧性重构的意义

老旧街区绿化景观韧性的建设不仅能美化街道，还能创造一个适合人们居住、游玩、办公的生存环境，有利于人们的身心健康，同时可使整个街区乃至城市的生态系统向更加健全的方向转化。提高景观绿化韧性对老旧街区最突出的影响表现在改善气候、净化空气、减弱噪音、净化环境、缓解心情 5 个方面。

A 改善气候

a 调节温度

老旧街区存在的建筑、铺设道路及玻璃的反光等会反射出大量的热源，使得没有被绿化景观所覆盖的位置的气温比覆盖的位置的气温普遍高，形成"热岛"效应。在炎热的夏季，绿化景观通过叶面吸收周边的热量而蒸发水分，降低自身的温度，可以调节气温，起到冬暖夏凉的作用，同时植物的冠幅能够阻隔阳光照射到地表和墙体，使地面和建筑物表面降低辐射温度。所以，在老旧街区有绿化景观的地方，人们会感觉到空气清新且凉爽，可为人们提供消暑纳凉、防暑降温的良好环境。在寒冷的冬季，有绿化景观的老旧街区因为树木的遮挡作用而降低风速，减弱冷空气的侵入，使得有绿化景观的区域温度会高一些。

b 调节湿度

老旧街区内无绿化景观的区域，一般只能通过地表蒸发水蒸气的方式来降低湿度，这种方式比较局限，而植物则可以通过树冠枝叶、叶面物理蒸发过程及植物生理过程中的蒸腾作用，使地表的大量水分被释放到空气中，以增加空气中的湿度，据研究，树木在生产过程中所蒸发的水分，要比它本身的重量大三四百倍。正是由于这种植物的蒸腾作用，使空气中的水分增多，空气变得湿润，不仅可以创造凉爽、舒适的生活及工作环境，使患呼吸疾病的概率下降，同时也降低了火灾的发生概率。

因此，在老旧街区配置适量的绿化植物群落并在有限的空间内提高街区的绿化率和绿化覆盖率，可以有效地调节街区环境的温度和湿度，能够在恶劣或极端气候环境下，具备自我调节甚至恢复气候的能力。

B 净化空气

老旧街区内的绿化景观，不仅可以调节街区乃至城市的气候，还能净化空气，极大地改善街区环境质量。绿化景观因其叶片结构和枝条生长模式，能有效地阻滞、过滤、吸附空气中的灰尘和烟雾以及滞留大气中的各种有害气体，并在一定程度上达到减尘和降霾的效果。当空气中飘浮着尘土通过绿色植物时，粒径大的空气杂质会被叶面直接阻塞，而粒径小的空气杂质会被叶面分泌出的黏液所黏附，待到下雨下雪时，叶面表层所黏附的杂质会随之被冲刷，达到减尘和降霾的作用。同时，老旧街区人员密集，人的呼吸和各种燃料燃烧时都会排出二氧化碳，虽然无毒，但是当空气中二氧化碳含量高于人体限值，就会出现头晕、呕吐、脉搏缓慢、血压增高等现象，而植物通过光合作用吸收二氧化碳，制造人类所需的氧气。街区身处城区，有工厂飞出的大量粉尘以及空气中的灰尘，这些粉尘可能会含有碳、铅等有害物质，同时还可能成为传播病毒的介质，引起鼻炎、哮喘、肺炎等疾病，轻则不适，重则死亡，植物可通过本身分泌汁液或树木的身躯进行吸滞，以净化空气。

C 减弱噪音

老旧街区一般都偏城市闹区，来自建筑工地、人群、车辆等的噪音不断，轻则影响人们的正常生活和工作，重则影响人们的中枢神经系统和精神反应，危害人们的健康，导致血压增高、心跳和脉搏加快、精神萎靡等症状。绿化景观的植物、树木的枝干、树叶就像多孔的软质材料，可以对噪音进行散射、吸收和隔离，使噪音在植物的阻隔和传递地面作用下，逐步减弱，起到"消声器"的作用。

D 净化环境

绿化景观在生态环境中起到清除剂的作用，可有效净化环境中的污染物。它不仅可以吸收空气中的有毒有害气体，还可以改善土壤，净化水。植物根系可以在一定程度上吸收和分解土壤和水体中的有害物质，从而达到净化环境的目的。绿色植物在空气污染监测、土壤固结、防风固沙，以及雨水和洪水滞留方面也发挥着极其重要的作用。利用不同植物对污染物的敏感性，可以判断环境污染的范围和程度。在多风和大雨气候中，植物带可以阻挡风沙，根可以固定土壤和储存水，减少洪水灾害和干旱灾害发生的可能性。

E 缓解心情

老旧街区因其年代久远，生活和生产环境差，道路格局混乱等，使得人们更加焦虑。但绿化景观可以让人与自然接触，让人们本就烦躁焦虑的感觉暂时缓解，身心也得到了放松，从而提高人们的心里满足感。视觉上，高大的乔木，低矮的灌木，植物形态各异，色彩变幻，让人们能够感受到自由生长的视觉感受，向人们传递了开阔明朗的心理感受；嗅觉上，人们在吸入植物的挥发性芳香油中某些单独的成分后产生生理和心理上的治疗，以达到防控疾病与保健的目的（如薰衣草精油具有抗焦虑的作用，鼠尾草精油对人的情绪和认知能力具有改善作用）；听觉上，绿化景观有不同于音乐的自然声音，潺潺的流水声、沙沙的树叶声、嘤嘤的鸟叫声等，让人能更亲近自然，使人身心放松，缓解心情。

6.2.2 现状梳理

目前我国老旧街区绿化景观普遍存在的问题有：

（1）硬质地面的面积占据过大，绿地面积越来越小。由于绿地的缺乏，导致地面雨水不能及时下渗，雨水以排为主，不能有效地收集雨水资源，无法满足生态性和雨水循环利用的功能和价值。

（2）由于缺乏统一的规划设计及景观引导控制，老旧街区内绿化景观风貌难以统一，风格各异，且林木草丛肆意生长，景观整体效果不佳。

（3）屋顶面积大但利用率极低，没有在有效的空间扩大街区的绿化面积；屋顶种植之处因夏天太阳直射温度过高，无法保障足够水源，导致植物的蒸腾作用和光合作用停止，无法达到预期效果。

（4）垂直绿化景观多采用塑料盆栽，植物生存环境受限，存活时间短，更换周期短，栽植养护缺乏科学化、长期化，且用塑料盆，不仅浪费资源还污染环境。

（5）缺乏物种多样性。多样性的物种可以促进生态系统的健康发育，但是老旧街区重构往往只考虑了好生存，好修剪，却不能保障物种多样性，缺少景观效果和功能效果。

6.2.3 韧性重构

6.2.3.1 绿化景观韧性重构原则

绿化景观韧性重构的原则如图6.7所示。

A 自然性

自然性是指在老旧街区绿色重构绿化景观所呈现的效果中应体现出尊重自然、顺应自然的原则，同自然灾害抗争的过程中能够在保障自然底线的基础上积极寻求高效的发展路径，确保绿化景观在受到干预时维持自身核心功能的运转，并尽快进入新的稳定状态。我国南北方的文化、气候的差异，导致绿化景观在植物配置、景观特色上的不同。因此，应因地制宜，尊重植物的差异性，使其能够更好地发挥自然性能。

B 复愈性

复愈性是指在老旧街区绿色重构绿化景观在面对一些未知的环境冲击及破坏时，通过吸收、减缓、适应，甚至再进化，使其更有效地应对各类型灾害带来的破坏，通过自我恢复能够更好地成为临时庇护所、缓冲区等防灾空间。如加尔维斯顿岛州立公园的屏障岛（Barrier Island)，该项目在历史上遭受过风暴潮灾害并使该地区为此付出了巨大的代价，迫使该公园街区进入不断防御、破坏、重建的循环模式，因此在对其重新规划时，考虑了灾害因素，巧妙地规划了湿地、绿地、空间和沙丘的布局角度，构建合理高差，最大限度地抵制和缓解了风灾的冲击与影响，并快速恢复健康的绿化景观系统。

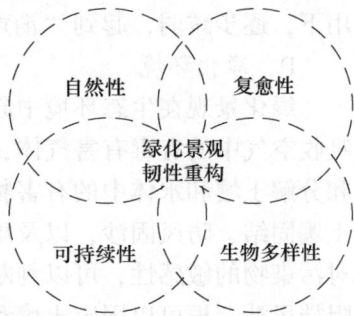

图6.7 绿化景观韧性重构原则

C 可持续性

可持续性是指老旧街区绿色重构绿化景观能够多次甚至无限次地抵御未知的环境冲击及破坏，即绿化景观在遭受冲击后，还能够长期而稳定地提供景观服务（如改善环境、防虫、防风等)，维护和改善街区的生产生活质量。绿化景观可持续性要求自我再生能力最大化和外部扰动最小化，那么在规划和设计时应考虑维护和提高绿化景观的自我再生能力，同时提高绿化景观对外部干扰的抵御力，实现可持续发展。

D 多样性

多样性是指老旧街区绿色重构绿化景观在植物配置设计中，根据其独特的文化内涵、地方风格和功能需求选择绿化景观植物，充分利用绿化景观多样性，优化街区植物群落，丰富景观水平，使其能够在不同环境影响下，快速恢复或无需改变即可满足观赏和其他功能需求。多样性是需要结合季节变化，利用植物自身特征，如花卉、果实、茎和整体形状等，创造出丰富而层次明确的植物群落。"春意早临花争艳，夏季浓荫好乘凉，秋季多变看叶果，冬季苍翠不萧条"，这首诗也反映出了季节性变化对植物多样性的影响以及老旧街区植物分配的基本要求。

6.2.3.2 策略

A 绿色屋顶

老旧街区年代久远，绿化景观规划区域小，地面绿化面积小，但屋顶有很大空间却仍然

"素面朝天"，未能有效利用甚至零利用。屋顶被称为"建筑第五立面"，据统计，城市屋顶约占城市面积的1/5，而且屋顶在无任何遮挡的情况下，温度可达到60℃。而绿色屋顶是在老旧街区的建筑物屋顶上种植绿植，通过这种绿色重构手段可以达到以下几种效果：

（1）缓解老旧街区的热岛效应，发挥生态功效；

（2）提升老旧街区整体环境面貌，增加绿化率，创造街区空中景观；

（3）保护建筑物顶部，能有效延长建筑物的使用寿命；

（4）收集雨水，增加空气湿度，降低建筑物外部温度，减少空调使用，节约能源；

（5）能吸收、削弱日常生活、生产所带来的噪声，改善人们心情等。

绿色屋顶是一种节能、节地的绿化方式，也是一种独特的绿化景观，如图6.8所示。绿色屋顶在老旧街区重构中发挥了极大的功效，重构过程中应重点考虑植物所带来的荷载，植物的适应性等问题，应尽量选择易于种植、适应性强、抗风性好的植物，慎用植物根系穿透力强的植物；同时应做好屋顶的防水和排水。

图6.8 常见绿色屋顶
(a) 绿色屋顶设计示意图；(b) 绿色屋顶（一）；(c) 绿色屋顶（二）；(d) 绿色屋顶（三）

B 墙面垂直绿化

老旧街区墙面垂直绿化一般是指通过一定的种植技术或植物本身的生长特点使植物能够在建筑物墙面、栏杆、立交桥等建筑设施上栽植的方式。垂直绿化主要形式为附壁式，即植物以攀附的形式生长在建筑设施的立面，可充分利用老旧街区破碎化的空间，通过这种绿色重构手段可以达到以下几种效果：

（1）增加老旧街区绿化覆盖面积，提升绿化水平；

（2）改善墙面"荒漠化"，减少因太阳直射导致的眩光现象；

（3）有效地降温、降噪和降尘，节约能源；

（4）减少热岛效应，改善老旧街区生态环境；

（5）能丰富老旧街区园林绿化的空间结构层次和立体景观艺术效果。

垂直绿化打破了普通的平铺式绿化，基于老旧街区绿化空间不足和绿化环境缺少的窘迫局面，充分利用建筑物立面、坡面等来扩大绿化景观覆盖率。在设计过程中，应重点考虑植物的生长特征，选择浅根、耐贫瘠、耐旱的藤类和垂吊植物等；还应考虑老旧街区的建筑形式和人文特色，选用与整体建筑特色相符的植物，如图6.9所示。

图6.9 垂直绿化
（a）围墙绿化（一）；（b）围墙绿化（二）；（c）建筑外墙绿化（一）；（d）建筑外墙绿化（二）

绿色屋顶、垂直绿化及传统的地面绿化在种植过程中对于植物性能的要求以及种植面的要求都不尽相同，具体要求见表6.2。

6.2.3.3 雨水花园

老旧街区的雨水花园一般是指通过人工挖掘而形成的浅凹绿地或植草沟，可以通过该种形式汇聚并吸收地面或屋顶的雨水，通过植物和沙土的共同作用净化雨水，并使净化后的雨水逐渐渗透进土壤，用于补给绿化景观，超过花园设计吸纳能力的部分将被导向雨水

表 6.2 绿化方式对比

绿化方式	植物要求	种植面要求	适宜植物
绿色屋顶	耐热、耐寒、耐旱、耐晒、抗强风和少病虫害的浅根系植物，以灌木、地被为主	必须考虑屋顶承重、排水等问题	小叶栀子、白三叶、地锦、白皮松、景天类植物、西府海棠等
垂直绿化	生长快、攀爬能力强、绿化量大、少病虫害的藤本植物	骨架型绿化必须要考虑墙面承重	爬山虎、常春藤、鸭脚木、鸢尾、春羽、蟛蜞菊等
地面绿化	因地制宜、耐寒、耐旱、耐污染、少病虫害、无刺激性气味、无毒	只需满足植物生长所需要的土壤厚度	乔灌草皆适宜，乔木有银杏、桃花、樱花等；灌木有连翘、海棠、榆叶梅等；草木有鸢尾、女贞类等

收集工程设施用作厕所用水、洗车等可持续雨水收集生态系统，通过这种绿色重构手段可以达到以下几种效果：

（1）缓解老旧街区的热岛效应，发挥生态功效；

（2）有效地收集雨水，形成地表水循环系统；

（3）有效地去除径流中的污染物，净化水质；

（4）能够给人以新的景观感知与视觉感受等。

雨水花园是一种有效的雨水收集和净化系统，同时也是装点老旧街区环境的绿化景观系统，如图 6.10 所示。雨水花园应因地适宜，充分考虑当地污染物并选取净化能力强、既可耐涝又有一定抗旱能力的植物和结构，同时应做好雨水收集设施，防止雨水溢出。

图 6.10 雨水花园
（a）雨水花园构造；（b）雨水花园全景

6.2.3.4 绿化景观小品

绿化景观小品在绿化景观中体现的较多，具体包括雕塑、壁画、座椅、垃圾箱、指示牌、健身设施、路灯等形式。

A 雕塑

绿化景观雕塑是指为了美化环境而雕刻塑造而成的，具有一定观赏价值和美化功能的艺术品，它可以用来反映老旧街区的历史、文化等。雕塑可在石、木、泥、金属等材料上

直接创作并装以色彩搭配，分为圆雕、浮雕和透雕三种基本形式。绿化景观雕塑是"场地+材料+情感"的综合展示艺术，它不仅可以带来观赏价值同时还可以给人们带来对于历史、文化等方面的思考，如图6.11所示。

(a)

(b)

(c)

(d)

图 6.11 雕塑小品

（a）历史人物群雕；（b）革命人物群雕；（c）景观雕塑；（d）花园雕塑

B 座椅

座椅是景观环境中最常见的室外家具种类，放置在绿化景观区域，供人们休息和交流，让人们在观赏之余可以放松身心。座椅的形态各异，不仅自然得体，给人稳定的平衡感，同时还可以表现出多样的艺术效果，如图6.12所示。

C 特色指示牌

指示牌用于引导和疏散群众，它的形式各异，根据老旧街区的文化特点可做成不同的样式，如图6.13所示。

D 文化墙

老旧街区文化墙在宣传文化、绿色环保、推动城市品牌等方面发挥着重要的作用，以

老旧街区不同的特色绘制或装饰成不同的风格，把墙景美化作为街区宣传的一种载体，成为老旧街区一道亮丽的风景线，如图 6.14 所示。

图 6.12 景观座椅

(a) 创意座椅 (一)；(b) 创意座椅 (二)；(c) 休息座椅；(d) 台阶式座椅

图 6.13 指示牌

(a) 指示牌 (一)；(b) 指示牌 (二)

E 园墙、漏窗

老旧街区因年代久远，可利用空间狭小，因此利用园墙、漏窗等景观设计来作为向导、通行的设施，同时，也可作为空间的分隔、穿插来扩大空间，使方寸之地能小中见大，并在街区艺术上又巧妙地作为取景的画框，随步移景，转移视线，如图 6.15 所示。

(a)

(b)

(c)

(d)

图 6.14　文化墙
(a) 文化墙（一）；(b) 文化墙（二）；(c) 文化墙（三）；(d) 文化墙（四）

(a)

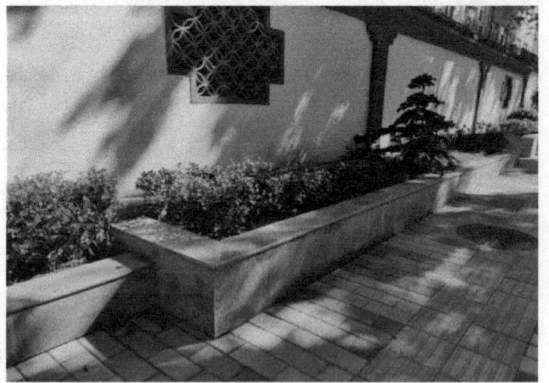
(b)

图 6.15　墙艺
(a) 园墙；(b) 漏窗

6.3　公共卫生韧性重构规划

6.3.1　韧性内涵

6.3.1.1　基本概念

A　公共卫生

公共卫生（Public health），是指老旧街区内关系到所有个人健康的公共事业，是通过有组织的努力和有根据的选择，包括对重大疾病尤其是影响到全人类生命安全的各类传染病（如新冠肺炎、SARS、结核、埃博拉等）的防控、治疗等，同时也包括对于食品、药品及公共环境卫生的监督管制，以及街区日常对于预防疾病的知识普及、宣传、疫苗接种，垃圾处理和污染物治理等内容。它是一种通过国家政策发展和保障措施来预防和有效控制疾病、延长人寿命并促进健康的一门科学与技术。

B　公共卫生韧性

公共卫生韧性（Public health resilience），是指老旧街区在面对公共卫生，造成或者可能造成街区或者辐射到其他区域公众健康严重受损的突发事件，包括上面提到的重大疾病和各类传染病、垃圾处理不当等，能提前做好预防措施和应急准备，能够最大限度地控制和降低公共卫生事件的影响，使老旧街区的公共健康安全尽快地恢复到爆发突发事件前的状态，也即老旧街区通过建立自免疫、自适应和自修复的发展机制，保障公众健康生活和工作。公共卫生韧性应始终贯彻"韧性健康"和"以人为本"的指导思想，并以韧性健康街区建设目标为导向，提出符合不同老旧街区公共卫生建设的发展策略，要积极构建常态化公共卫生和医疗健康协同发展体系。

6.3.1.2　公共卫生韧性重构的意义

老旧街区人员密集且来往行径复杂，若爆发病毒，传染病等情况，后果将不堪设想（如2020年爆发的新型冠状病毒），因此，公共卫生就显得尤为重要。建设老旧街区公共卫生体系能很好地监测、预防、控制、治疗、消灭病毒及一系列其他病症。公共卫生韧性对老旧街区最突出的影响表现在：

A　确保全民健康

健康是人的基本权利之一，即每个人都应平等地占用或使用卫生资源，以消除疾病，维护健康。在老旧街区完善公共卫生体系可以保证每个人都能得到最基本的医疗服务。建设公共卫生对于疾病就要以预防疾病为主，控制疾病为辅。

（1）完善公共卫生建设体系，可以有效地提高老旧街区整体人员的健康水平，可以有效地控制传染病、慢性疾病等的发生和传播；

（2）完善公共卫生建设体系，可以加强对全民卫生、医疗的普及度，使人们拥有更好、更全面的公共卫生健康知识，全面提高人民健康水平和身体素质，使得全民养成自主的健康行为和健康习惯；

（3）完善公共卫生建设体系，确保常规和应急医疗协调发展，做到全方位防护病毒。

B　促进社会健康

良好的公众健康状况和社会公共卫生服务是社会发展的目的，同时也是提高社会生产率、促进社会全面发展的必要条件。在社会发展中，健康关乎着人们生存和发展的关键，健康是人们发展的基础，人们没有健康安全的公共卫生环境，那将无法建设健康社会。发展公共卫生事业，可以带动相关产业统一、协调发展，从而带动健康产业的发展，推进健康产业及其相关产业的全面协调发展和进步，升级、优化我国产业结构体系，使得我国的经济和社会可以向着卫生健康的方向发展，不断地促进健康社会建设水平提升。因此老旧街区绿色重构过程中必须要建设和发展公共卫生水平，进而更好地推进社会的良好发展。

6.3.1.3 塑造自主自律的健康行为

加强和提升老旧街区公共卫生水平，不仅可以推进社会快速发展，同时帮助人们养成良好的健康习惯，让人们塑造自主自律的健康行为。发展公共卫生，可以使人们养成爱护环境、珍惜环境的习惯，让"金山银山"和"绿水青山"同时存在，在发展医疗的同时改善环境、发展经济；发展公共卫生，可以帮助人们养成较好的饮食习惯、生活习惯和工作习惯，让人们摆脱"亚健康"的身体状况，真正实现全民健康的目标，有利于健康中国建设进程的稳定推动。

6.3.2 现状梳理

目前我国老旧街区公共卫生普遍存在的问题如下所述。

6.3.2.1 垃圾处理率低

老旧街区垃圾处理方式一般有填埋、焚烧及堆肥等常用方式，垃圾处理常用处理方式的流程主要是：收集—运输—处置，不同的垃圾处理厂的处理流程大同小异。

垃圾填埋场一般是采用分层覆土填埋的方式对老旧街区的垃圾进行卫生处理，使垃圾与空气、地下水等周围环境隔离，防止垃圾污染。填埋场处理流程如图 6.16 所示。

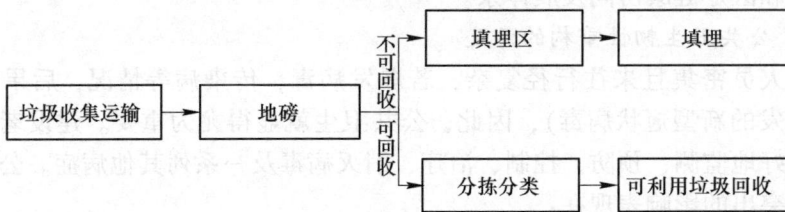

图 6.16 填埋场处理流程

垃圾焚烧即通过燃烧、热熔等方式，使垃圾在高温的作用下进行减容，成为残渣或者发电的过程。焚烧厂处理流程如图 6.17 所示。

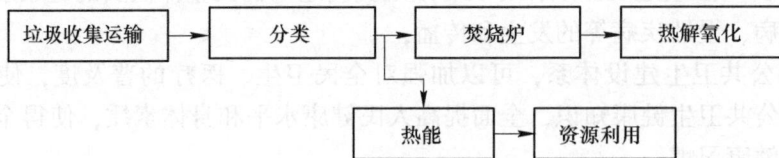

图 6.17 焚烧厂处理流程

堆肥法主要是凭借微生物的生化作用，将老旧街区生活生产垃圾中的有机质进行分解、腐熟，将其转化成腐殖质土，用作肥料并改良土壤的垃圾处理方式。堆肥场处理流程如图 6.18 所示。

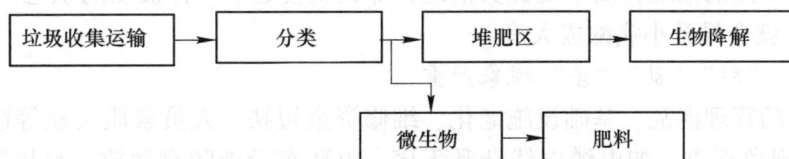

```
┌──────────┐     ┌──────┐     ┌──────┐     ┌──────────┐
│ 垃圾收集运输 │ ──> │  分类  │ ──> │ 堆肥区 │ ──> │  生物降解  │
└──────────┘     └──────┘     └──────┘     └──────────┘
                              │
                              ↓
                         ┌──────────┐     ┌──────┐
                         │   微生物   │ ──> │  肥料  │
                         └──────────┘     └──────┘
```

图 6.18 堆肥场处理流程

目前我国老旧街区垃圾处理率低主要是由于以下原因导致的：

（1）垃圾分类成效低。老旧街区虽然倡导垃圾分类，但是目前多数街区生活垃圾仍然混合收集，未实行分类收集或者成效不明显；同时，运输方式也都处于比较落后的阶段，分类好的垃圾也在不当的运输过程中被混合。垃圾混合收集导致大量的人力、物力和财力被浪费，也增加了垃圾后续处理的技术难度，加大了垃圾处理设施的工程投资和运行费用，降低了可用于堆肥的有机质的资源化价值。

（2）垃圾处理设施缺乏。随着街区人们生活品质的提升和生活习惯的改变，使得街区难以降解的垃圾（如塑料薄膜、包装袋等）越来越多，但是垃圾处理设施却严重缺乏，生活垃圾填埋场、焚烧厂和堆肥场都出现了处理能力不足的情况，垃圾"围城"现象依然严重。同时，在现有的垃圾处理厂中，还现存着大量的问题。对于填埋场，还有多数是没有任何防渗措施以及高性能防渗膜、压实机、渗滤液处理技术等都还不成熟；对于焚烧厂，存在烟气排放不达标、灰渣处置能力不足等问题；对于堆肥场，虽然垃圾堆肥产品对于农田等有很大益处，但是可能存在垃圾处理不当导致含有重金属对于土壤和农作物的污染隐患等问题。

6.3.2.2　污染物治理水平不足

老旧街区生活垃圾日益增多的同时也带来了污染物增加的现状，如大气污染物、水污染物、固体污染物等。大量的车辆排放气体、工业废气等都会造成空气中飘浮着对人体有害的气体杂质，引发多种气管、肺部等疾病；生活用水、工业排水等排入水体，通过饮水或食物链进入人体，可能会导致人体中毒、动植物受损等；食物残渣、电池、包装袋等生活固体废物以及冶炼废渣、炉渣等工业固体废物会对土壤、大气、水体、人体等造成不同程度的损伤。老旧街区因其设备设施陈旧，亦或没有污染物处理设施，导致污染物治理能力受限，治理水平不足。

6.3.2.3　卫生资源配置不足

我国近些年来大多数卫生总费用都是投向医院，而真正用于公共卫生、公共服务的投入甚微。相较于主城区，老旧街区的卫生资源配置相对缺少，卫生机构、床位、医务人员配置等出现明显短缺现象。老旧街区公共卫生服务的需求不断扩大，但是能够提供的医疗卫生条件却与人们的需求不成正比，导致我国的卫生公平性在全世界处于倒数地位。卫生资源配置不足导致街区卫生安全得不到保障，同时也对社会的稳定性造成了一定的威胁。

6.3.2.4　"重治轻防"

新冠疫情是一面镜子，使我国公共卫生方面的"重治轻防"问题暴露无遗。从近年来所暴发的各种病情来看，老旧街区公共医疗机构对于病情的超前预警作用发挥得不明显，没能全面发挥早预防、早发现、早治疗的作用。预防和治疗就如河流的上流和下流，如果只对河流进行下流的治理，而不是源头治理，那么就会处于一种被动的状态。公共卫生只"重治轻防"，就会导致小病酿成大病。

6.3.2.5 "脏""乱""差"现象严重

老旧街区的管理混乱、基础设施老化、维修资金短缺、人员素质欠缺等造成了"脏""乱""差"现象严重。如电缆电线杂乱无序、电瓶车沿街随意摆放、垃圾随意堆放等，容易造成起火、爆炸以及污染环境等情况，不仅不美观，同时还给街区人们的公共安全带来极大的隐患，如图 6.19 所示。

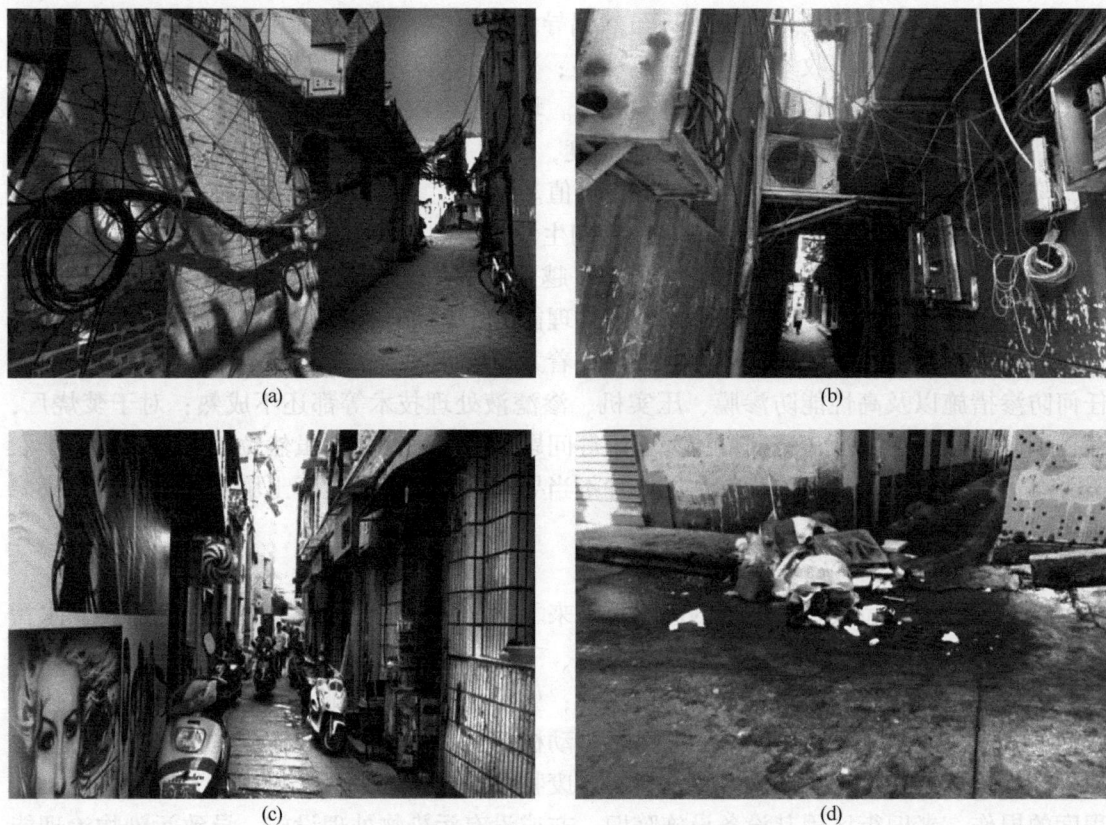

图 6.19 老旧街区"脏""乱""差"街景
(a) 电缆电线杂乱无章；(b) 电缆电线无序拉扯；(c) 电瓶车沿街随意摆放；(d) 生活垃圾随意堆放

6.3.3 韧性重构

6.3.3.1 公共卫生韧性重构原则

公共卫生韧性重构的原则如图 6.20 所示。

A 人本性

公共卫生韧性的人本性是要求在发生疫情等危机事件应对中必须把抢救生命与保障人的基本生存条件作为处理危机和开展救援工作的首要任务，同时也应最大限度地保护处置突发事件的应急人员。公共卫生韧性本着以人为中心，以公众身心健康为宗旨，体现人文关怀的理念。遵循人本性原则就是要做好预控、预防工作，尽量防止危机事件的发生，以保护街区人们的安全。老旧街区的生活生产活动中，人都是最基本且最根本的因素，因此，保障街区人们的公共卫生安全可以促进人的发展和老旧街区的发展。

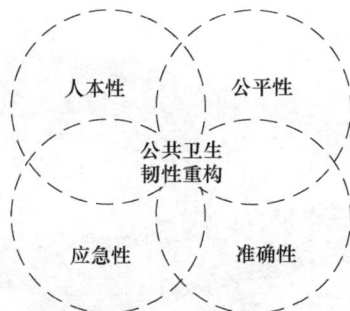

图 6.20 公共卫生韧性重构原则

B 公平性

公共卫生服务的公平性是保障公共安全的重要因素，公平性即老旧街区全体人员基于卫生服务的需要都有大体相等的满足机会。公平性应包括卫生资源分布公平性、卫生筹资公平性、卫生服务提供公平性等几个方面。我国老旧街区卫生资源配备和卫生财政投入等较主城区明显不足，导致公平性欠缺，易导致公共卫生安全事件的发生。应综合考量地区和人口等因素，强化宏观调控，优化卫生资源配置结构，满足人们对于公平性的需求是保障公共安全的前提条件。

C 应急性

应急即面对突然发生的需求紧急处理的事件。老旧街区公共卫生韧性的应急性也即在各类传染病疫情、食品安全、职业危害及其他严重影响公众健康和生命的安全事件发生后，街区的公共卫生管理和公共卫生应急体系能够满足或者基本满足医疗及卫生需求，做到"平战结合、联防联控"，并能够在最短时间内做出应急反应。新冠肺炎可以看出医院万人床位数低于国家标准，缺乏可在突发情况下快速改变用途"平战结合"的感染病房。突发公共卫生事件应急救治能力不足，不能有效应对患者短时间内大量增加导致医疗资源挤兑的困境，应急管理体系中存在"信息堡垒"，前期城市、社区、街区等规划未能充分预估突发事件下空间的承载能力和应急转换能力。

D 准确性

突发公共卫生事件传播范围广、社会影响大、公共关注度高，在面对突发公共卫生事件时，信息的公开、真实、准确是保障公共安全的前提。很多媒体在报道中为了"博眼球"，存在着报道不客观、不专业、不真实的现象，致使社会恐慌情绪激增，不降低反而升高了公共卫生事件对社会的冲击力，引发社会不安定因素的出现。作为一种特殊型的社会公共事件，在对突发公共卫生事件报道时，媒体、医疗机构和政府等部门应更加理性、准确。

6.3.3.2 策略

A 加大宣传力度

目前，我国老旧街区居民普遍缺乏健康保健知识和垃圾分类意识，导致多种疾病发生率逐年增加，多数可再利用资源被浪费等现象。应广泛利用广播系统、健康宣传栏、公共电子屏等阵地、场所开展宣教，加大开展常态化、长效化的公共卫生知识宣教活动，可以使公众意识到健康至上、预防至上，切实提升健康水平，同时宣传垃圾分类也有利于垃圾再回收利用和无害化处理，如图 6.21 所示。

B 建立健全公共卫生应急管理体系

目前公共卫生体系最重要的任务就是需要健全突发事件监测系统和预警响应机制，坚持以预防为主，公平配置公共卫生资源，建立健全多层次全方位的公共卫生应急管理体

图 6.21 公共卫生知识宣传
(a) 宣传标语 (一)；(b) 宣传标语 (二)

系。突发公共卫生事件预警与应急处理系统是整个应急管理体系中的核心系统之一，主要是针对突发公共卫生事件，展开危机化解、管理、干预和安全的重构等方面的工作。除预警与应急处理系统之外，还需要完善公共卫生领域相关法律法规、完善疾病防控救治体系以及健全统一的应急物资保障体系。

C 提高垃圾无害化处理率

人们的传统观念和陋习导致垃圾分类投放和回收再生利用难以真正实现。老旧街区目前的垃圾回收装置样式不统一，有单筒型、双筒型、三筒型等，所用材料也各式各样，金属的、水泥的、竹木的、塑料的、玻璃钢的，等等，但是为了便于垃圾的分类投放，应设计出容易分辨回收种类且又便于投放的垃圾桶样式，也可考虑配备专业垃圾分类人员帮助人们进行垃圾分类和投放指导。还应要求在收集和运输过程中进行精细化管理，以免二次混合，并加以必要的奖罚手段，使垃圾分类回收和再利用提高效率。目前垃圾处理厂和垃圾处理设施少，垃圾处理技术落后，影响了无害化处理的效率，因此应增加垃圾处理的资金投入，研究垃圾处理技术 (如超高频加热无氧裂解碳化设备，降低了能耗，真正做到无害化处理) 等方式来提高垃圾无害化处理率。

6.4 资源能源韧性重构规划

6.4.1 韧性内涵

6.4.1.1 基本概念

资源能源 (resources energy)，是指老旧街区内能给公众提供大量的物质要素和能量转化物质的总称。资源是指老旧街区内所拥有的人力、物力和财力等各种物质要素的总称，包括像光、空气、植物、动物、土地、矿藏等自然资源，同时也包括人力资源、信息资源和可使用的人类创造出来的物质资源等社会资源。能源是指老旧街区内自然界所能提供能量转化的物质，包括太阳能、风能、水能、地热能、生物质能等可再生能源，同时也包括煤炭、天然气、石油、核能等不可再生能源。

资源能源韧性（resources energy resilience），是指老旧街区内的资源能源类物质在受到自然或社会等不利因素的影响下，能够不受影响持续供给或者能够快速再生，使资源能源系统在冲击发生之后恢复到最好的状态，并且可以在外部环境发生变化时提供能源服务需求的替代方法，确保资源能源能继续向消费者提供并能满足其需求。因此，在老旧街区绿色重构过程中应打造安全可靠、绿色低碳、高效经济的韧性能源、智慧能源。具有韧性的资源能源系统主要是通过图6.22中的各个阶段对未知风险做出动态处理。

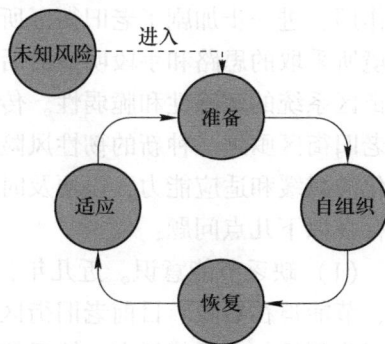

图 6.22 动态处理图

6.4.1.2 资源能源韧性重构的意义

资源能源是老旧街区经济和生活可持续发展的物质基础和保障，资源能源能否正常运行则关系到老旧街区生活生产的安全和稳定。资源能源的有限性是资源的基本属性之一，因此，通过节流和合理利用资源能源等重构手段来实现可持续发展尤为重要。资源能源韧性对老旧街区最突出的影响表现在：

（1）保障生活质量。构建老旧街区资源能源韧性体系，实际上会导致生产和消费的耐用性、高质量的产品和服务，而不是生产和消费一次性、低质量的产品和服务。资源能源是人们物质水平提高的保障，若无节制的使用和浪费，在突发事件发生后，就会出现资源能源无法及时供给，导致人们的生活质量达不到保障。如2017~2018年冬季，我国发生了波及范围最广、持续时间最长的一次"气荒"现象；又如2021年全国多个地区拉闸限电现象。上述现象都在很大程度上影响了人们的生活生产，也同时体现了我国的资源能源结构的不合理和抵抗风险能力的不足。因此，促进资源能源清洁化、低碳化，加强储调能力就成了保障老旧街区人们生活质量的必要手段。

（2）有利于可持续发展。可持续发展是指在开发和利用资源能源时，既能满足当代人生存、发展的需求，同时还不损害后人的需求，实现持续共进、有序发展，也即保证资源能源供应的稳定性和使用的安全性。人们所消耗的一些重要的能源资源大都是不可再生的，而且随着人类物质文化需求的不断增长和社会再生产规模的不断扩大，能源资源耗费量与日俱增，能源资源供给与需求的矛盾日益加剧。因此，坚持能源开发与节约并举、节约优先，使用清洁能源、开发新型能源、回收可再利用资源能源等方式有利于资源能源可持续发展。

（3）保障社会安定。长期以来，我国都是依靠能源资源来发展经济，因此，稳定持续的能源资源供给是对于人民生活水平和社会稳定的保障。

6.4.2 现状梳理

随着城市化的不断推进，人们对于资源能源的消耗已经达到了空前的程度，同时伴随着人类活动的增加及多样化，使得老旧街区系统的结构和功能发生变化及重塑，引发诸如土地利用/覆被变化、生物多样性锐减、资源能源枯竭、植物生长空间日益减少等一系列不可逆转的负面变化。而这一系列的负面变化则导致一系列的负面影响，如街区热岛效应、空气污染、自然及人为灾害等。资源能源的不断消耗与老旧街区复杂且混乱环境的协同作用，进一步加剧了老旧街区所面临风险的不确定性。我国老旧街区对于目前所面对的困境所采取的思路和手段明显滞后，处理机制无法满足灾后重塑的要求，甚至还会加剧老旧街区系统的敏感性和脆弱性。传统的灾害管理在新挑战下所表现的无力感逐渐凸显，因此老旧街区亟须一种新的韧性风险治理体系降低能源资源自身的脆弱性，且要能表现出对变化的减缓和适应能力，以便及时进行自组织并迅速恢复。目前我国老旧街区资源能源利用存在以下几点问题：

（1）缺乏节能意识。近几年，老旧街区常常出现"电荒""气荒"的现象，毫无疑问，节能迫在眉睫。目前老旧街区对于资源能源的使用率低，生活垃圾大多都不进行分类再回收利用、生活能耗大、缺乏能源资源忧患意识等，多数民众对于节能还表现出"事不关己"的态度。比如室内空调的使用，在很多公共建筑里，夏天温度低得令人发抖，冬天却热得让人流汗，这样既没能提供健康、舒适的室内环境，又浪费了大量资源能源。

（2）缺乏对能源使用效率的管理政策。我国长期以来都存在着能源供给紧张的情况，能源政策也多关注能源开发，却忽视了能源使用效率的管理。随着经济规模的不断扩大，国民经济对能源的需求也在不断扩张，能源的低效使用必然成为我国能源管理中最为突出的问题。然而，从现有的资源能源开发利用政策来看，还没有对民众使用资源能源效率高低的奖惩措施，同时，从发展循环经济的角度来看，目前的政策管理面也显得过窄。

（3）可再生资源能源利用率低。目前，老旧街区的生活生产能耗还是以煤炭、石油等不可再生资源能源为主，对风能、水能、太阳能等清洁能源利用率低，没有更好地完成能源转型升级。

6.4.3 韧性重构

资源能源的不足严重影响着老旧街区人们的生活生产质量，资源能源的正常运转也是保障老旧街区安全与稳定的因素之一，随着目前资源能源供需缺口的持续扩大，资源能源韧性重构理念也逐渐被推广，如何节约资源能源和如何更好地利用清洁能源也成为了焦点。

6.4.3.1 资源能源韧性重构原则

资源能源韧性重构的原则如图6.23所示。

A 稳定性

资源能源韧性重构的稳定性是指当资源能源面对干扰和冲击等的情况下，老旧街区可以确保其资源能源系统保持良好的稳定性及运转能力，以充分降低或是消除损失。资源能源的稳定性越高，实施应急和恢复工作所提供的资源能源就越多，应急时间就越短，恢复时间就越快，即救灾过程就越容易。在面对巨大干扰或冲击时，可以有效地防止供需不平衡导致对生活生产所带来的威胁，因此，保证资源能源的稳定性是拥有抵抗能力的前提。

图6.23 资源能源韧性重构原则

B 效率性

资源能源韧性重构的效率性是指当灾害来临时，老旧街区资源能源能够在第一时间有

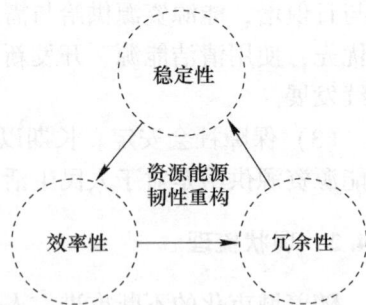

效应对灾害、以最快的速度使其系统恢复至原本的稳定状态，从而减少灾害带来损失的能力。效率性反映了老旧街区资源能源在灾后能否迅速实施应对工作，功能水平能否迅速恢复正常水平。效率性是衡量重构水平的重要标准。

C 冗余性

资源能源韧性重构的效率性是指当老旧街区资源能源在一定程度上受到影响的情况下也能正常运作而追加的剩余程度，也即当某种或某些资源能源受到不利因素的冲击时，其他资源能源能够起到一部分的替补作用，以保证目前生活生产的正常使用。

6.4.3.2 策略

A 建筑物及建筑设施节能改造

老旧街区建筑物及建筑设施体量大，同时也是资源能源消费密集类。老旧街区因其建设年代久远，建筑节能观念不强，耗能相当大。因此，在老旧街区绿色重构过程中，应重点考虑建筑物和建筑设施节能改造。

a 墙体节能改造

墙体结构是保证室内温度平稳的重要设施，对于老旧街区建筑物墙体进行节能改造，主要是为了达到冬季保温，减少室内热量向外散出；夏季隔热，减少室外热量进入室内的效果，从而减少冷、热耗能，减少对于能源的消耗。根据保温材料所处的位置不同，以及现有老旧情况，选择适合的改造形式，具体见表 6.3。

表 6.3 墙体改造形式

类型	外墙外保温	外墙内保温
结构做法 （内到外）	墙体结构层 保温绝热层 抗裂砂浆层、网格布 柔性腻子层 涂料装饰层	面层 保温绝热层 墙体结构层
特点	使用范围广；基本消除冷热桥，绝热层效率可达85%以上；增加外墙的防水性和气密性，更好地保护主体结构等	施工方便；绝热材料在墙内，对于材料强度要求低；造价低；防水性和气密性差；不能彻底消除冷热桥等

老旧街区建筑物墙体改造应综合考虑原有形式、改造需求等选择改造形式，这样能更好地利用太阳能、风能等可再生资源能源，减少非可再生资源能源的使用，使其能在风险发生时不间断供给。

b 屋面节能改造

老旧街区建筑物屋面的根本功能即为抵御自然界的不利因素（如雨、雪、光照），使得下部空间有良好的使用环境。然而老旧街区建筑物屋面因其年代久远，结构老化，保温性能差，无法更好地达到保温隔热的效果。对屋面进行改造，能有效地改善室内环境的舒适度，增加屋面的保温隔热性能，减少非再生资源能源的使用率。根据屋面荷载承受能力、改造要求选择不同的改造形式，具体见表 6.4。

表 6.4 屋面改造形式

类型	做法	特点
不铲除原屋面	用高压水枪清洗原有屋面，再在修补平顺的屋面上施工基层处理剂，最后再施工一道耐磨隔热涂料	不产生大量建筑垃圾；成本低；施工简单便捷，工期短
倒置式保温屋面	将保温隔热层设在防水层上面。主要的隔热材料有 XPS 板、EPS 板等	保温层在防水层之上，防水层受到保护，可以延长防水层的使用年限；施工方便，便于维修
蓄水屋面	在屋面荷载允许的情况下，在刚性防水屋面上蓄一层水，利用水的蒸发和流动将热量带走，减弱屋面的热传量、降低屋面表面的温度	在混凝土刚性防水层上蓄水，可以改善混凝土的使用条件，避免直接暴晒和冰雪雨天引起的急剧伸缩；长期浸泡在水中有利于混凝土后期强度的增长

c　窗节能改造

窗是围护结构的组成部分之一，虽然窗的面积只占围护结构的 25%，但是窗的绝热性能最差，与墙体相比，窗是室内热环境质量和建筑能耗的主要影响因素，是保温、隔热与隔声最薄弱的环节。老旧街区窗老化严重，导致能耗加大，严重影响保温隔热的效果。窗的节能主要取决于门窗的传热系数和气密性，老旧街区建筑物所使用的窗玻璃多是普通透明玻璃，价格低廉但保温节能等效能差。对老旧街区窗节能改造时，应重点考虑以下几种节能玻璃，具体见表 6.5。

表 6.5 窗节能改造做法

类型	方法	特点
Low-E 玻璃	将原玻璃改成 Low-E 玻璃	隔热性能好、遮阳系数好；但透光率低
中空玻璃	将原玻璃改成中空玻璃	造价低、工期短、施工便捷；但使用寿命短
镀膜玻璃	在原玻璃上贴一层热反射膜	反射效果好、隔热性能好；镀膜层易损坏
双层窗	在原窗内侧增加一道玻璃	传热系数能减小一半以上、施工方便；但受到原墙体的影响

B　发展清洁资源能源

老旧街区清洁资源能源，包括太阳能、风能等，这些是广泛存在、用之不竭的能源。对于太阳能利用系统主要可分为：太阳能采暖系统、太阳能热水系统、太阳能空调系统和太阳能光伏系统，可以为建筑物和人们提供生活用热水、室内供暖、光伏发电等，如图 6.24 和图 6.25 所示。风能是能够利用自然的手段来促使空气流动，同时也可以作为发电的方式。老旧街区存在用电紧张且用电危险等隐含，上述路灯可以减少对常规电的依赖，不消耗任何非可再生性能源，也为街区照明提供了新的方案，能更好地节能减排。

C　资源的循环利用

a　水资源的循环利用

多数老旧街区在建造时期都没有考虑过水回收，导致水资源被大量使用却无法回收利

图 6.24 太阳能光伏板

图 6.25 光伏路灯

用，水资源作为人们生活生产所必需，改造过程中考虑对其回收再利用就尤为重要。水资源主要改造形式有：雨水的回收利用、污水的处理等。针对不同的使用用途，利用不同的回收水，如绿化用水、洗车用水、洁厕用水等。

雨水的收集主要有两种形式：雨落管收水和沟渠收水。雨落管通过屋面将水流入雨水收集设备，如图 6.26 所示。沟渠收水是在散水外侧地面以下的区域设置隐蔽的雨水收集沟渠。收集到的雨水经过简单的沉淀处理可直接用作绿化、冲厕等。

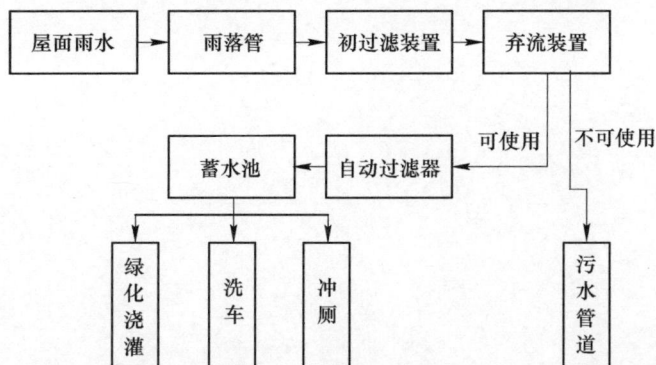

图 6.26 雨水收集系统

污水的处理即将生活用污水、优质杂排水等通过简单净化处理后达到非饮用水之外的生活用水标准，可作为冲厕用水、绿化景观用水、洗车等。污水处理流程如图 6.27 所示。

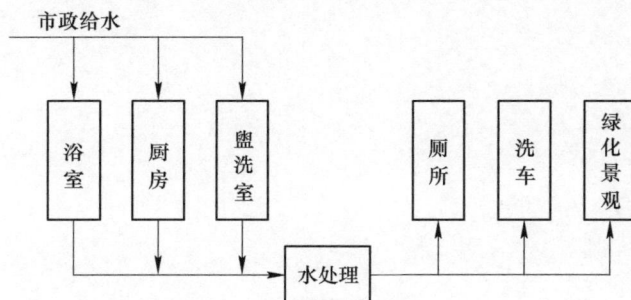

图 6.27 污水处理流程

b　垃圾资源化

老旧街区每天会产生大量的生活和生产垃圾，将垃圾分类后，有利于集中处理可回收的垃圾，将此作为循环可利用原料，使其成为再生资源，同时在很大程度上减少分拣垃圾的成本，不仅解决了垃圾问题，还可以改善城市卫生环境，节约资源。垃圾回收可以将垃圾中的塑料、金属、纸制品、木制品等利用循环再利用技术，将分离分选出来的物料，再加工为质量合格的再循环利用产品。

D　能源的高效利用

为减少建筑在使用过程中的能源消耗，应采用高新技术应用于设计、安装、运行质量、节能系统调节、设备材料以及经营管理模式等相关行业方面。供暖系统作为老旧街区人们生活所需，对该系统进行监督和调控，可以很大程度上节约能源。高新技术包括以下几点：

（1）对管网流量通过计算机、平衡阀及专用智能仪表进行合理分配，改善供暖质量，节约能源；

（2）用户可通过安装在用户散热器上的热量分配表和温度调节阀自主控制热能，从而达到舒适和节能效果；

（3）将送暖管道利用新型的保温材料进行包敷，以降低其热损失。

7 老旧街区社会环境韧性重构规划

7.1 社会管理韧性重构规划

7.1.1 韧性内涵

7.1.1.1 基本概念

A 社会管理

社会管理，是指政府、社会组织、居民等群体对社会系统的各个组成部分、社会生活的各个方面以及社会发展的各个环节进行组织、协调、指导、规范、监督和纠正的过程。

B 社会管理韧性

社会管理韧性是指社会系统依靠自身力量和内部资源应对和处理社会问题和危机的能力，是通过社会信任、社会关系、居民价值观念等影响社会系统的平衡和稳定。

7.1.1.2 社会管理韧性重构的意义

由于时代的变化，生活方式的转变，老旧街区面临着年轻群体流失，生活环境破败，安全隐患层出不穷等问题，韧性重构可以通过不改变居民生活场所的手段，实现街区所承载的生活方式、社会关系、情感文化得以维系和传承，改善日益严重的人际冷漠的社会现象。

7.1.2 现状梳理

7.1.2.1 社会环境的构成

A 使用主体——街区居民

居民作为老旧街区的使用主体，涵盖了不同年龄、不同性别、不同职业、不同文化背景和受教育程度的人群，是赋予街区活力的重要源泉。街区居民可以是原住民，他们在此出生、成长和衰老，见证着街区时空的变化过程，对街区的感情最为深厚；也可以是后来迁入街区的外来人口，他们由于原先居住地的变化而迁入或是由于其他原因短租在此。

B 街区组织——居委会

居委会，是基层群众性的自治组织，其主要职责是向街区居民宣传国家政策，普及法律法规、维护居民的合法权益，合理利用自然资源；协助政府做好与街区居民有关的社会治安、劳动就业、卫生医疗、优抚救济、青少年教育、外来人口管理等工作，确保政府各项工作顺利开展。居委会在老旧街区相关事宜中一般拥有强有力的话语权。

7.1.2.2 社会环境现状

A 人员流动性强

因为生活环境较差，缺乏必要的社会保障，很多老旧街区中的原有住民所剩不多，以老人、儿童为主，年轻人多数已迁往新建区。但同时，低廉的生活成本、便利的交通方式、贴近城市中心的优越区位，也吸引了一些外来人员，通常以个体户、体力劳动者等需要居住在城市中心的工作者为主。老旧街区人口构成见表7.1，老旧街区居民流动路径如图7.1所示。

表7.1 老旧街区人口构成表

分 类	定 义	特 点
游客	旅游的人，是商业店铺的主要顾客	促进商业发展，保障街区经济收入
原住民	生长于此，对街区最熟悉的人	居民的生活与街区合为一体，对街区的变化敏感性较强
工作人员	在街区内工作的服务人员	为街区居民服务，对街区较为熟悉
新住户	指短期居住、流动性较大的人口或搬迁至此的人	与街区原住民较难融为一体

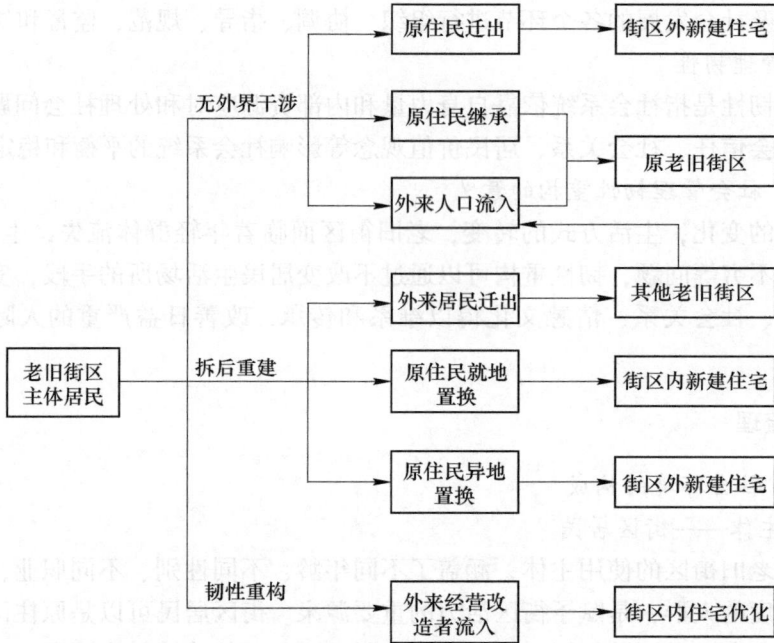

图7.1 老旧街区居民流动路径图

B 社会资本萎缩

随着城市的发展，老旧街区社会资本呈现出萎缩态势。首先，伴随着个体化、市场化和流动性，传统的熟人社会正逐渐向半熟人社会和陌生人社会转变，人与人之间的关系逐渐淡化；其次，很多居民对街区的公共事务并不关心；最后，居民的集体意识、规则意识、责任意识等日益淡化，导致街区社会面临失序的困境。社会资本的萎缩弱化了老旧街区环境治理的社会韧性，增加了社会合作的成本和难度。

C 居民主体协同性差

原住居民的迁出使得街区社会活动的组织能力下降，短期居住的外来人员增大了街区人口的流动性，居民间安全感降低，人际关系淡漠，存在隔阂，邻里交往行为大量减少。进而导致街区活力缺失。不同主体之间对街区社会环境的认知情况不同，存在利益冲突，对街区的认同感降低，参与街区治理积极性减少。新居民户籍问题得不到有效解决，基本医疗、教育等公共服务不能享受，归属感不高。

D 老旧街区被边缘化

老旧街区大多形成于城市发展的初期，逐渐成为城市中的衰败地段，呈现出边缘化的特点。由于缺乏长期有效的改造机制，老旧街区的环境随着时间的推移而逐渐破败，与现代化的城市生活环境之间存在明显的差距；且内部产权结构复杂，需要不断协调各方利益，投入大量的人力、物力和财力支持，短期之内却又难以取得良好的成效，因而老旧街区容易成为城市更新规划的"死角"。

7.1.3 韧性重构

7.1.3.1 社会管理韧性重构基本方法

A 统筹兼顾

城市是由一个个大小不同、类型不同的街区单元所组成，可以说街区是城市系统的构成元素，因而对老旧街区社会环境进行重构时，应统筹兼顾街区和整个城市发展体系的关系。首先从城市的宏观角度去把握和考虑规划方向，让重构后的街区与城市整体管理体系相协调。

B 街区自治

一方面，整合老旧街区内部资源，扎实开展群众工作，鼓励居民多元参与，自主协商，正确引导理性思考，激发基层群众参与治理；另一方面，成立相关服务平台，吸引专业服务商入驻，形成服务集群，促进老旧街区服务供给的专业度及精确度，共同推进街区社会环境重构。

C 健全治理体系

通过成立业主委员会、街区议事协调委员会等组织，确定综合整治清单，制定合理的街区管理模式、物业服务企业以及标准，逐步形成并完善治理体系。暂时没有条件实施物业管理的老旧街区，可实行准物业管理。对已完成综合整治的老旧街区，将街区内公共区域的清扫、治理、巡检、维护移交给相关专业公司进行管理。

7.1.3.2 重构的作用

A 社会网络的凝聚

社会关系的产生和变化并不是自发的，而是包含着社会意志的产物，会随着居民需求的改变而变动。它不仅被复杂的社会关系所支持，也不断维持和产生新的社会关系。老旧街区社会环境韧性的重构应体现出对社会关系的凝聚作用，如图7.2所示。与其他改造方式相比，韧性重构具有外界资本改造介入程度低等优势，使得街区整体社会关系网络相对固定，街区居民在思维方式、行为活动方面显示出的相似性，是街区内各种群体文化相互认可、相互融合、相互促进的结果。社会环境的稳定能够维持和延续原有街区的主要社会关系网络；同时，通过韧性重构，可促进新的社会关系快速融入并丰富现有的社会关系网络中，最终实现整合街区力量、维护街区稳定的目的。

B 街区归属感的形成

当街区被注入居民情感时，便拥有了归属感。对于生活在同一区域内的居民而言，共

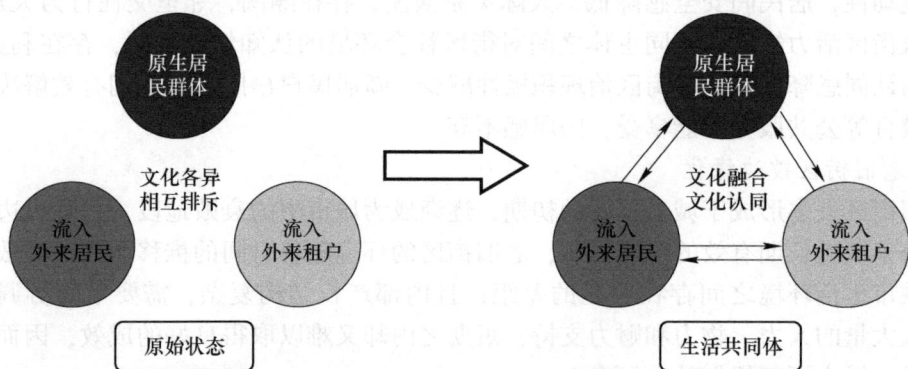

图 7.2　社会环境韧性重构前后对比

同的生活背景塑造了街区居民相似的价值观念。但随着原住民的迁出，外来人口的加入，原先相熟的邻里关系被打破。而社会环境韧性的重构能够协调各个群体、个体以及相互之间的关系，形成相近的文化观念，产生共同的心理归属，并最终促进居民形成对于街区的集体记忆，产生对街区物质空间的依赖感和对街区邻里关系的亲密感。

C　重构的策略

a　引入年轻群体

老旧街区的社会环境韧性与居民收入、年龄和受教育程度有关，其改变和提升往往关乎这街区社会环境的发展。老旧街区不仅有历史和文化，也需要创新的东西，让年轻人可以很好地享受老旧街区是非常重要的，因而可通过改善居住条件、完善基础设施、增加景观绿化、营造活力充沛的环境等吸引年轻群体，进而改变居民结构和社群意识，使得街区更具有朝气和活力，也使得街区可以更长久的发展。

b　健全老旧街区社会参与机制

通过街区宣传、街区活动的开展，提升居民对于街区的认同感与归属感，同时通过日常公共事务的参与，增强居民对于街区工作的信任，提升邻里之间的熟悉度。日常生活中街区参与机制的建立，对于危机状态下街区韧性的发挥具有重要的意义：一方面可以保障街区居民稳定的情绪，对街区危机管理树立信心；另一方面，也会带动居民共同参与到街区危机管理过程中，维持街区稳定团结。

疫情期间，在社会环境韧性较强的老旧街区中，疫情防控工作得到了居民的积极支持，街区居民迅速以各种形式参与到街区群防群控和生活保障中来，并自觉担任志愿者，在街区区委的组织下，形成街区抗疫共同体。参与街区疫情防控，巩固了战胜疫情的社会基础。志愿者的出现，得益于街区建设长期积累的结果。

c　加强社会主体协同

老旧街区是维系社会关系的重要载体，增强社会主体协同需要改善街区主体之间的社会关系。伴随着原住居民的搬出，流动人口的大量涌入，传统的社会关系发生改变，更需要加强街区邻里关系建设，搭建邻里之间互帮互助平台，通过举办相关活动，让街区居民熟悉起来，营造良好的和谐氛围，如图 7.3 所示。通过发动街区力量组建志愿者团体宣传公共安全知识，并且在发生风险事故后及时对街区居民进行心理健康疏导，增强居民抗风险意识，提升老旧街区抗风险能力，提高社会环境管理韧性。

图 7.3 街区居民共同动手改造口袋公园

d 培育街区组织

老旧街区由于流动人口较多且原住民人口老龄化等问题缺乏一定的凝聚力，可先培育街区组织，不定期举办各种活动，鼓励居民参与，提升公众参与度，进而提高居民的凝聚力和归属感。如北京大栅栏街区于 2014 年引入清华大学社区营造组织作为社会服务中心，组织类别包括助老、消防、爱心等为民服务类，也包括舞蹈、合唱、京剧、茶艺等文体娱乐类。该组织有两个着力点，一是社区营造，即培育服务组织，将社区居民组织起来，提升街区居民的凝聚力；二是培育文化组织，通过培力公坊等组织形式，邀请专家学者为本地居民分享日常生活经验，提升居民日常生活自救意识。

7.2 经济产业韧性重构规划

7.2.1 韧性内涵

7.2.1.1 基本概念

A 街区经济

街区经济是指以街道为中心，在街道上以及周边附近地带聚集形成具有一定规模、特色的商品经营区域或服务业经营区域，并由此带动区域经济和社会发展的一种城区经济发展模式。街区经济商业圈规模较小，消费人流基本为周边居民，商店构成中，主要有小型超市、便利店和小型专业店，提供的商品和服务以便利性为主。

B 经济产业韧性

经济产业韧性是指老旧街区经济遭受危机后恢复到初始的经济发展状态或是维持自身经济系统稳定性的能力，反映街区经济面对外界因素干扰时保持原有经济发展能力的稳定性，强调经济体结构的多元化和生产要素的自由高效化流动。

7.2.1.2 经济产业韧性重构的意义

老旧街区经济产业韧性的重构，对于促进街区经济繁荣发展，进而拉动地方经济发展具有重要作用。通过优化街区业态、改善物质环境、重塑街区吸引力、创造让人们乐于出行、停留的街道空间等方式对街区活力进行提升，可以打造良好街区形象、吸引大量人流来此消费，从而带动旅游业的快速发展，并智能刺激区域内商业、旅游业、娱乐业、服务业等第三产业的快速兴起，进而促进街区经济得到繁荣发展，并以此为触媒，带动周边区域经济得到增长、拉动地区经济得到发展，最终达到城市活力提升的目的。如成都宽窄巷子、南京夫子庙等，无不是以通过街区活力的提升，来推动区域内第三产业的发展，并为地方经济的发展做出巨大贡献。

7.2.1.3 街区经济的特征

A 区位性

街区经济是社会发展进程中的一种客观形态，属于区域经济的一部分，其区位特征明显，在城市经济增长中发挥着至关重要的作用；通过产业集群模式优化产业机构，发挥着规模聚集效应，促进区域经济发展。随着信息经济的发展，现代商服业逐渐取代了制造业的地位，成为城市中心区的主导产业。街区作为商贸服务业发展的重要载体，对整个城市经济骨架的搭建和完善起着极其重要的作用。因此，城市经济是街区经济产生的先行条件，街区经济是城市经济的重要组成部分。

B 聚集性

街区经济是围绕街道发展起来，形成了具有一定的集聚效应的经济模式。街区经济的工厂、企业通过分工与合作所实现的规模报酬递增经济是单个企业所无法比拟的。街区经济的集群对城区经济布局的合理化、优化资源配置、建立城区空间创新系统和形成城市竞争力具有重要的意义。

C 特色化

特色是街区经济的活力所在，缺乏特色的街区就如同缺乏生命力一样。每一条特色街区，都具有其独特的产品定位、商业文化和经营文化。在逐渐激烈的市场竞争中，特色街区集中销售同一类别或某一区域独有的或优质的商品，并以此与其他一般市场之间在经营范围和产品种类上产生分化和区别，减少流通成本，确立价格竞争优势，对特色的注重已经逐渐成为街区经济发展的必然之路。作为国内最火的十大美食街区之一，西安市回民街拥有近300种令人垂涎的特色小吃，每年吸引大量旅客来此参观旅游，是西安市的网红打卡地之一，如图7.4所示。

D 人文化

文化是人类精神财富的总和，每一座城市都有其不可或缺的文化内涵，有其独一无二的文化品格。每一条街巷对于一座城市而言，就好比人的骨骼和筋络，城市中的每一条街巷传承着历史的文脉，散发着浓厚的人文气息，城市的根脉才能留住，才富有生命力。现代街区在经济发展的同时要采取保存、留取、利用、开发、创新等途径来传承历史文脉，展示文化内涵，塑造独具特色的街区景观、街区文化和街区形式。

E 规模化

在繁荣的街区内，相同产业形态的店铺为了产生规模经济效应而聚集在同一街区内，采取批发零售兼营的经营方式，有助于满足不同消费群体的需求，充分挖掘潜在顾客的消费需求和消费能力。规模化经营能为街区经济带来良好的经济效益：第一，通过批量进货，规模采购可以降低成本，进而低价出售吸引顾客，扩大市场份额；第二，通过街区整体策划和有效实施，能够获得最大的辐射广度和集聚强度，使街区的无形价值、社会影响力等资源为所有经营户共享，单位营业空间和营业时间吸引更多消费群体。例如西安市康复路服装批发一条街，曾经是西北地区最大的服装批发市场，如图7.5所示。

图7.4 西安市回民街　　　　　　　　图7.5 西安市康复路

7.2.2 现状梳理

7.2.2.1 以零售业为主

老旧街区主要功能仍以居住为主，但随着时间和需求的驱动，街区住宅的底层逐渐演变成了杂货与菜市场，底层住户或多沿街、破墙违章搭建起了小商铺，为周边居民提供生活用品，这一现象是老旧街区的典型表现。外围临主街的底层围设有商铺，业态主要以餐饮、零售及老字号商品店为主，如图7.6所示。

(a)　　　　　　　　　　　　　　　　(b)

图7.6 老旧街区一角

(a) 菜市场；(b) 小商店

7.2.2.2 传统产业衰落

老旧街区由于城市中心转移、产业结构调整等原因，原有的传统产业衰败，高端创新产业难以引入，而现有的产业较为低端，如批发业、低端零售业等占据老旧街区，街区经济发展局限，如图7.7所示。

7.2.2.3　业态单一

多数老旧街区业态包括服饰、餐饮、五金杂货、喜庆用品等多种类型，但其中的街区业态较为单一，且业态大都以批发为主，较为低端廉价。商品价格较为低廉，品质较差，主要服务人群是中老年人。比如合肥城隍庙街区在初建之时，各种业态搭配形成多维消费组合，其除了拥有传统的商业布局，还有茶馆、酒楼、百味园等，这些业态和花戏楼组合在一起，从而形成当时的多维消费局面，以满足人们的多元消费需求。然而现在茶馆、酒楼都被改成了商店，传统业态也存在较为单一的局面，如图7.8所示。

图7.7　老旧街区低端产业　　　　　　　图7.8　合肥城隍庙街道

7.2.3　韧性重构

7.2.3.1　经济产业韧性重构原则

A　经济合理性

韧性重构虽然是对老旧街区的一种保护，但首先要保证经济的可行性，重构之前需要对重构方案进行全面评估、论证，寻求最经济合理的策略。经济合理的重构策略不仅能节约建造成本而且还能带来可观的经济效益。

B　功能复合性

不同的街区群体具有不同的经济能力，对生活也有不同的需求，以此形成了多样化的街区生活，这正是老旧街区的活力所在。在现代化城市功能转变的要求之下，老旧街区的经济韧性重构应该向着复合型、多元化、开放性、深度化和趣味性的方向转化，一方面延续原地段的经济产业，另一方面要丰富产业业态形式，为街区的各种商业活动提供支持。

7.2.3.2　参与主体

A　政府

当地政府负责提供便利的条件进行招商引资，吸引开发商进驻，同时，为了保障当地居民的利益，采用政府、开发商和原住居民三方沟通协调的方式，推进街区项目改造和升级。

B　居民

在遵循政府相关规划的前提下，居民享有自行改造住房的权利；也可以自由出租，居民可将自己的物业出租给他人获取收益，或出租给企业，由企业运营，居民根据合同获取相应收益；还可选择政府征收，居民可将房屋交由政府征收，置换居住空间或征收补偿。

C 商业产业

在遵循政府相关规划的前提下，一些符合城市规划政策和产业政策的工厂、商业、产业入驻老旧街区，为街区经济发展和街区活力提升贡献力量。

7.2.3.3 重构的策略

目前，老旧街区主要商业形态包括零售业、餐饮业、服务业、轻工业生产加工等，大多数生产场所功能发展完好，但商业零碎，并未形成带来规模化经济效益的产业，老旧街区产业韧性的重构需要结合现代城市的发展要求对街区产业进行进一步的梳理与设计，如图7.9所示。

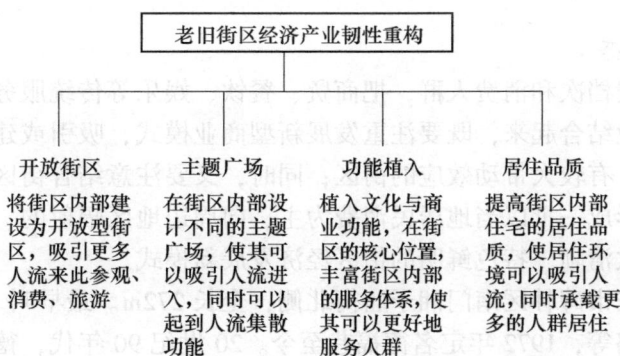

```
          ┌──────────────────────┐
          │  老旧街区经济产业韧性重构  │
          └──────────────────────┘
     ┌────────┬────────┼────────┬────────┐
  ┌──────┐ ┌──────┐ ┌──────┐ ┌──────┐
  │ 开放街区 │ │ 主题广场 │ │ 功能植入 │ │ 居住品质 │
  └──────┘ └──────┘ └──────┘ └──────┘
```

将街区内部建设为开放型街区，吸引更多人流来此参观、消费、旅游　　在街区内部设计不同的主题广场，使其可以吸引人流进入，同时可以起到人流集散功能　　植入文化与商业功能，在街区的核心位置，丰富街区内部的服务体系，使其可以更好地服务人群　　提高街区内部住宅的居住品质，使居住环境可以吸引人流，同时承载更多的人群居住

图7.9 老旧街区经济产业韧性重构思路

A 消费体验设计

继农业经济、工业经济和服务经济之后，体验经济已逐渐发展为一种新的经济形态，并正在成为主导市场的新经济模式。消费者在琳琅满目的街边集市采购过程中，获取了消费体验感的强烈满足。例如成都太古里就是体验消费下的经典案例，其抓住了成都人在快要慢活的理念下，在满足消费需求的同时，为人们提供良好的消费体验，从而带动了街区活力提升，区域经济的增长。例如南京1912街区的设计，不仅是酒吧一条街，更是时尚民国风情街，当白天尤其是上午时段来到这里，安静的不像话，为数不多的游客漫步在街上，感受这条街巷独特的魅力，当夜间来此，便能感受到迷离的夜色，如图7.10所示。

B 丰富街区业态

老旧街区具有年代独有的风貌，具有历史的记忆，经过几十年的沉淀，拥有自己的独特风味。可通过丰富多彩的商业、办公、休闲、餐饮等的打造，让老旧街区承载新的业态，与周边的商业相融合，让城市内容丰富多彩，所带来的外在风貌也是多种多样的，这些精心的打造往往让城市更有味道。香港的女人街街道早期的摊档所售卖的物品，多以女性服装和女性用品为主，现已成为香港人及外地游客的购物及观光地点。所售卖的物品已趋向多元化，包括各种家居用品、男女服装、化妆品、手包、手表、饰物、玩具、香薰等，所售货物物美价廉，每年吸引大批游客观光和购物。女人街外围附近亦有不少熟食档及湿货摊档。这种小而丰富的业态空间，往往是对城市味道的体现，如图7.11所示。

图 7.10 南京 1912 风情街

图 7.11 香港女人街

C 改造商业业态

针对不同的消费档次和消费人群，把商贸、餐饮、娱乐等传统服务业与信息技术、知识经济等现代服务业结合起来，既要注重发展新型商业模式，吸引或建设一批高档次、辐射力强、附加值高、有较大带动效应的街区；同时，又要注意结合街区自有特色，对其进行升级改造，发展形成一批以当地居民消费为主、向周边地区辐射的、有一定品味的特色街区，逐步打造层次清晰、特色鲜明的街区经济发展新模式。

德福巷位于西安市碑林区南门湘子庙街北侧，全长 272m。最早叫"黑虎巷"，曾改名南竹笆市街、景翼路等，1972 年定名德福巷至今。20 世纪 90 年代，德福巷经历了改造和拓宽，变成了酒吧一条街，青石板路面古朴典雅，路边的店面时尚个性，焕发着现代气质和青春活力，如图 7.12 所示。

(a)

(b)

图 7.12 德福巷改造前后对比照
(a) 德福巷改造前；(b) 德福巷改造后

D 文创产业的引入

与其他商业类型的历史街区或历史风貌不同，老旧街区的生活气息和商业气息之间存在着矛盾，完全保留居民的原有生活场所，就无法引进商业资本来发展街区产业。基于生活性文化体验和旅游的街区文创产业存有发展空间：大到街区本身非物质文化，小到街区内的手工艺小店、手工艺小摊等，都有进行文创设计的可能。在具体产业方案设计层面，可设计以居民生活为源头的文创基地，加入居民日常生活的元素，例如，为了向老人们展示从前的生活记忆，而将当时居民们的日常生活制作成宣传手册。这种以日常生活为文创基点，直接呈现日常生活过程，而不是将与传统街区生活毫无关联的商业文化强行塞入传统街区，不仅避免了街区生活文化独特性的丧失，而且保留了街区居民的日常生活映像。

E 打造多层次产业体系

活力街区建设可以以文化创业产业作为主业和核心构建产业网络，打造多层次产业体系。例如：打造"文化+生活"产品体系，围绕本地区的美食、手工艺、茶艺、刺绣、戏剧文化和民俗等，打造内涵丰富、款式新颖的创意文化产品；打造"文化+旅游"的产品体系，围绕街区的博物馆、特色民宿和配套设施等打造地标性旅游点；打造"文化+设计"的产品体系，围绕本土丰富的历史资源、人文情怀，吸纳现代化多元化设计理念，打造风格迥异的文创产品，吸引各类创意设计室入驻，实现文创产业集聚。

7.3 文化保护韧性重构规划

7.3.1 韧性内涵

7.3.1.1 基本概念

A 文化

"文化"是人类在长期的历史生活中创造和遗留的产物，是一个国家或民族的历史地理、风土人情、风俗习惯、行为方式、价值观念、文学艺术等万象的概况，它既包含有形的汉字、书法、雕刻、建筑、城市等物质层面的符号性内容，又包括历史、习俗、宗教、艺术、制度等精神层面的观念性内容。

B 街区文化

街区文化即具有地域生活特色的文化，是街区居民几十年、几百年的生活方式和习惯所形成的精神活动，是在漫长的形成和发展过程中不断沉淀和滋养而来的精神财富。不同区域、不同时期、不同民俗、不同的文化背景和生活理念在街区内融会贯通，形成了极具特色的街区文化。

C 文化保护韧性

文化是城市的灵魂，是城市实现韧性发展的本质性力量。文化保护韧性是指当老旧街区发生自然灾害或社会灾难时，其对自身所承载的文化内涵具有保护、恢复和传承的能力。街区的文化是城市的底片，它们以独特且生动的形式演绎了城市的历史变迁与文化发展，构成城市不可再生的文化资本，对老旧街区韧性重构时尤其要注意避免街区历史文化的破坏和伤害。

7.3.1.2 文化保护韧性重构的意义

A 街区建筑保护的意义

一栋建筑不仅具有功能意义，由于其所处场所、年代不同，见证不同社会的发展，被赋予独特的历史记忆，所承载的文化意义也不容忽视。老建筑不仅能唤醒人的历史记忆，其对城市历史的留存及地域文脉的延续具有深远意义。通过对老旧建筑的功能置换与更新，既可以做到历史传承，又能够满足新生活的需要。

B 地域文化保护的意义

地域文化保护有利于增强人们的认同感与归属感。每个人都处在特定的社会情境，有着不同的社会生活体验，这些体验和记忆会融入自身成长，塑造不同的性格，这种集体记忆有利于建立人与场所之间的联系。

7.3.2 现状梳理

7.3.2.1 老旧街区文化的种类

A 物质文化

街区的物质文化资源包括街区独特的肌理、空间格局、各级的文化保护单位、重要的构筑物、建筑物、文化引申元素等，其是街区在漫长发展过程中，遗留下来的产物，可以为历史学家、社会学家提供丰富的研究资料，是不可再生的文化资源，具有较高的研究价值，如图7.13所示。在街区重构中，可以通过保护建筑遗存、延续街巷格局、控制界面风貌、保护其他历史遗存、多元化利用物质文化资源等方式，在对街区更新的同时，保护街区的物质文化资源。

B 非物质文化

非物质文化资源是一种抽象化的精神产物，经过世世代代的社会发展和生活延续，形成了一些情感记忆与文化习俗，诸如节庆、神话故事、饮食习惯、曲艺技术等共同的文化情结，是具有精神属性的文化要素，也是传承历史文化的关键所在，形成群体的认同感和自豪感。非物质文化有传统手工，节庆活动、仪式及社会实践，口头传统与表现形式，表演艺术等4类。街区中遗留下来的非物质文化资源是经历漫长时期遗留下来的产物，主要可以分为思想文学和活动行为两大类，其中思想文学类是指名人轶事、街巷名称等，活动行为类是指传统手工艺，民间艺术表演、宗教仪式等，社火属于北方民间艺术表演形式的一种，如图7.14所示。

图7.13 成都宽窄巷子   图7.14 社火

7.3.2.2 老旧街区文化的特征

A 历史文化特征

老旧街区作为一个客观存在的城市公共空间，自身具有一定的历史文化特征，并以此形成了独特的城市特色，具有较为深远的文化价值。这些历史文化特征包括自然景观、历史建筑、城镇规划等，都是一个城市不可磨灭的印记，无一不反映着城市的发展，历史的变迁。

B 地域文化特征

不同区域的文化因自然环境、人文环境和社会环境的差异而形成不同的地域文化，地域文化是特色街区独特性的重要来源之一。突出地域文化特征一方面能够使老旧街区融于整个城市的文化背景中，另一方面打造了城市名片，向外来游客展示了当地的地域文化，给街区居民带来情景感、归属感以及地域文化自豪感。

C 创意文化特征

创意文化是具备时代性的且不断更新的文化，也是在对传统文化继承的基础上，对新兴文化的创新，更是文化不断更迭发展的必经之路。现代的消费者更加注重对自我个性化的追求，千篇一律的商品和消费模式已经无法满足新时代人们日渐增长的消费需求，故特色街区在文化创意上的新形式就显得尤为重要。

7.3.2.3 老旧街区文化的表现形式

A 肌理文化

肌理是指人们生活规律的系统和秩序的外在表现而形成的空间特征。如尺度适宜的院落、稳定的过渡关系、亲切的人际交往、出入方便的交通联系等，是展示老街区的关键所在。展示着城市的审美情趣和个性特征，对老城区的文化形象乃至整体形象都至关重要。肌理可以通过重塑场地环境、界面的表达、公共空间和叙事空间的建立等来表达其独有的文化价值。

肌理是城市的重要特征之一，其中，街道空间格局是构成城市的基本单元，是城市肌理和质地的具体体现，它们包括历史街区的布局形态、道路交通、公共活动空间、历史建筑构成的天际轮廓线等。例如平江历史街区物质空间环境的保护与更新就包括有保护河街并行的双棋盘街坊格局，序列有致的街巷河道体系，桥头河埠、水井牌坊的开放空间，错落有致的街道河道空间界面等。然而，随着城市发展，很多老街区外围正遭受着不断的侵蚀，肌理破坏较为严重。

B 建筑文化

随着时代的变化与更替，以及自然环境、人为因素或者社会发展等影响，建筑便成了某些特定历史时期的生活方式或人文特性的载体。旧有建筑是物化了的见证历史文化、见证历史社会生活形态的证据。探索人类的发展、城市的发展都可通过建筑依次去寻找历史的轨迹。例如罗马城市建筑群的广场平面大都呈现方形、长形或半圆形等几何形态；巴洛克时期广场呈现圆环状与方场形态，以端点的视觉轴线连接各区域。中国古代建筑大多讲究轴对称式或轴线偏离式，但各朝代、各地域的建筑形态、装饰元素以及装饰手法都不尽相同。由此可见，不同文化呈现出不同的城市建筑形态。

长春一汽作为中国汽车工业的发源地，生产了我国第一辆汽车、第一辆轿车，是新中国工业发展的开端。当年的生产线已历经几代人的更迭，但当年的老建筑依然在长春这个老工业城市中熠熠生辉。刚进入汽开区东风大街，两侧的一幢幢兼具俄式风情与中国传统建筑风格的枣红色"大屋檐"楼房就映入眼帘，因极具异域风情的窗口与阳台，彰显巴洛克建筑特征的精美腰线，很多人称这些建筑为"苏式建筑"（图7.15和图7.16），而"大小屋檐"的雕檐，则是传统的中式建筑风格。2015年，在住建部、国家文物局公布的第一批中国历史文化街区名单中，第一汽车制造厂历史文化街区就入选其中。

图 7.15 长春一汽职工公寓

图 7.16 长春一汽厂房

C 街巷文化

传统街巷是老街区文化景观中的重要内容，对街区空间布局的影响广泛而深刻。街巷空间是较为封闭、内向的，将街区内部各个要素在空间上形成相互联系的整体，并协调和有效地发挥城市的诸多功能。街巷在承担交通任务的同时，也是组织市井生活的主要场所，使环境体现出一种场所精神，保护街巷也包含着对于社会网络和生活网络的延续（图 7.17）。街道系统改造，要以现状格局为基础。第一是要考虑发展的趋势，以环境允许的可能性为前提，部分拓宽满足车行并环状化，整体格局不能破坏；第二是不能引入外部大量车流，停车应减少对居民生产生活的影响，尽量布置在街区外围；第三是考虑路面材料和工艺，要与整体街区风貌保持协调。根据街道类型改善街道宽度及沿街连续界面高度，控制合理街道高宽比，塑造人性化的街道尺度。

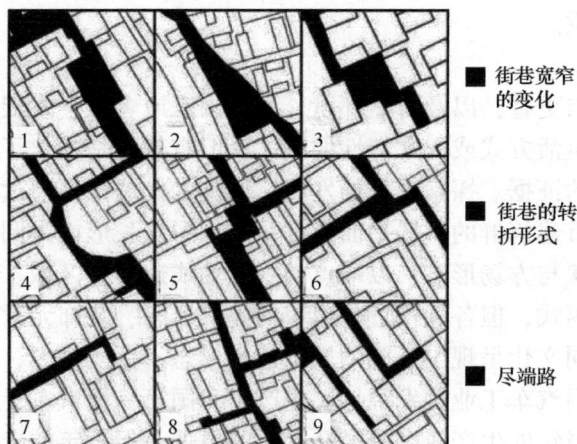

■ 街巷宽窄的变化

■ 街巷的转折形式

■ 尽端路

图 7.17 多样的街巷空间

D 邻里文化

老街区承载着的不仅是历史和文脉，更重要的是人们内心的文化归属感和生活方式。

非物质文化的传承与建构价值中，最重要的因素就是人，它是以人的情感感受为基础。以和为贵、与邻为友的和谐人际关系；重视亲情的传统家庭观念；丰富的民俗习惯；生动的名人逸事；有益身心健康的生活节奏；富于诗情画意的兴趣爱好等都可以提炼成为老街区的特色人文景观。

一些历史街区忽略了对原住民的保护，环境的破坏导致许多街区原住民不得不离开，人口流失造成老街的空心化，丧失了滋养传统民风市井的土壤。老街区文化延续的价值不只体现在对物质环境的改造上，还应在于保护街区居民的生活方式、民俗风情上，昔日户外小憩、下棋聊天的老人，蹦蹦跳跳的小孩都是属于老街区最纯正的生活色彩。

E　地域性的文化活动

不同的老旧街区具有各自地域性的传统文化特色。不同的地域文化发展了不同的居民文化活动，不同的文化活动展现着不同的民俗民风，体现不同的居民生活的漫长积累。最典型的当属逢年过节时各个地方的居民文化活动，胡同巷子里老北京人喜欢赶庙会，看高跷，听戏曲；广州市民喜欢听粤剧、购买花卉；西安城墙边老陕人喜欢吼秦腔、听秦腔；台北松山的街区内的居民，则中意除夕夜排队抢头香，抢得新年的好运和福气。各地老旧街区的文化特色诉说着传统街区文化的发展历程，这些文化活动同时也影响了居民的日常行为，为街区增添了地域文化的元素，如图 7.18 所示。

(a)

(b)

(c)

(d)

图 7.18　不同地区文化习俗

（a）北京胡同庙会；（b）广州市粤剧表演；（c）西安城墙边的秦腔表演；（d）台湾松山上的抢头香

F 丰富的日常行为

老旧街区居民日常行为由于行为活动的类型、频率、时长、地点、方面、个体特征差异而与现代街区内的居民日常生活有区别。总体而言呈现丰富多彩的特点：一方面，传统街区压缩了现代居住区域以半私密的宅间绿地为主的街区交往空间，取而代之的是公共性的院落和街巷，街区居民在街区内部完成了从"私密"的人，向"公共"的人的转化，由此形成了多元丰富的居民日常行为；另一方面，现代都市严格的城市分工，弱化了城市居民参与更多居民日常行为的能力，而在传统街区里，居民却尽情地享用拓展日常行为的能力。例如汉口洞庭街片的老人，冬天自家腌制腊肉，并每天放在楼道里晾晒；年轻人下班回家第一件事是去菜市场买菜，准备一天的晚饭，吃完饭也得约个朋友出门散步；而在现代都市里，居民的日常生活被严重压缩，做饭和洗碗被外卖所替代，网络替代了大部分人的人际交往过程。

7.3.3 韧性重构

7.3.3.1 文化保护韧性重构原则

A 历史原真性

城市文化风貌由不同街区的文化风貌所构成，街区风貌是城市风貌的浓缩和沉淀，由此在打造城市风貌性特色时应当努力挖掘街区历史的文化脉络，无论是具象的建筑风格演变，还是抽象的商业产业发展，都应尽可能还原当时的情与景，展现街区特殊的历史文化积累过程。

街区作为特定时段人类活动的产物，是不可再生的资源。当前很多街区在改造中，出现原真性的丧失，造成了文化遗产的严重破坏，在老旧街的韧性重构中，应注重对文化遗产原真性的保护，以求能充分保护街区文化资源。

B 生活真实性

老旧街区不仅在过去时段为人们提供生活和居住的场所，而且现在仍然并将继续发挥着它的功能，是社会生活中自然而有机的组成部分。生活真实性有两个判断准则，一是原有居民的保持率，二是原有生活方式的保存度，即老旧街区应该是该城市或地区传统文化和生活方式保存最为完整、最有特色的地区。一般来说，老旧街区的人口保持率应在60%左右，这样基本可以保证老旧街区的社会生活结构和方式不被破坏，保持完整的社会网络。

C 风貌完整性

要使历史街区能够形成一种环境，使人从中感受到历史的气氛，就要有一定的规模，在该区域视野所及范围内风貌基本一致，有较完整和可整治的环境，但环境也不宜过大。历史环境的存留才使得建筑的价值与人们的社会生活相融合，对城市的发展和人们的行为起着无法替代的潜移默化的作用。整体性的保护既保护了街区本体，也保存了城市文脉和城市肌理。

D 以人为本

人作为物质空间内的生活单元，是检验空间环境适宜性和舒适性的最好试金石，一切违背人的需求和生活体验的居住街区环境更新都是失败的。因此以人为本原则是老旧街区性文化重构根本原则。邻里交流、归属认同、文化感知等方面，都应该树立人本主义的价值观，来建设具有归属感的居住家园。

文化重构主要是为人服务的，在老旧街区重构过程中不应仅仅关注物质环境的营造，也应该关注人的需求。鼓励人们积极参与到街区中去，让人们根据自己的需求来引导街区的建设，进而与街区的改造更新紧紧联系起来，如环境的营造、交通的规划等，从而有效改善街区环境，满足人们的实际诉求，充分体现出对街区人们的人文关怀，希望能打造出有温度的街区空间，吸引人们在此停留。

7.3.3.2 重构的视角

A 历史的维度

街区历史文化是前人智慧的积淀，是街区内涵、品质、特色的重要标志。在老旧街区韧性重构中，要妥善处理保护和改造的关系，注重延续街区历史文脉、尊重与善待街区文化。只有保留老旧街区历史文化记忆，才能让人们记得住历史、忘不掉乡愁，坚定文化自信、增强家国情怀。

B 现实的维度

文化研究者雷蒙德·威廉斯认为，文化是一种整体的生活方式。按此理解，由于历史的发展、时代的变迁，带来了生活方式的巨大改变，文化生产和消费的整体态势必然呈现出很多新的变化。文化的生命力在于将文化传承、成果创新与人的现实生活紧密结合，在成为人们精神力量的同时不断激发个体参与现实文化创造的积极性，并将新的文化要素持续融入现实生活，不断创造新的文化内容，使街区文化的特征更加鲜明、内容更加丰富、生活更加精彩。

C 空间的维度

从空间的角度谈文化创新，主要体现在各种新型文化空间的培育和打造上。城市规划师扬·盖尔认为，公共空间作为满足人们上学、上班、采购、散步、社交等活动需求的场所，不是"有了"就可以，而是要"有效"，就需要把满足人的精神文化需求作为设计的尺度和中心。

街区空间的文化创新，一般有两种创新途径：一种是基于街区居民的文化消费需求及文化发展的需要，在多业态融合的背景下打造以文化生产、文化消费为引领的公共文化空间；另一种是在旧城街区更新过程中，打造文化遗产与当代生活融合共生的综合性公共空间。

7.3.3.3 文化重构的策略

A 物质类文化

从宏观层面来看，老城区的自然山水空间格局是长时间逐渐建立起的，是人们日常生活的物质承载基础，山水形态、环境景观、空间格局都是对生活发展和延续的展示，蕴含着人类发展的历史，对其进行保护有利于认知和传承城市与生活发展历史；从中观层面来看，老城区的建筑环境、整体风貌和天际线等要素所遗留下的物质文化环境是对某一时期营造思想、建造技艺与建设方式的反映，有着重要的见证作用，并影响着人们的生活体验与城市认知，通过对中观环境要素的更新可以有效地协调城市整体的风貌和环境；从微观环境来看，对老城区人居环境的保护是对日常生活文化的延续和传承，注重对建筑式样、色彩、细部构造、景观小品和树木植被的保护，散落在城区中的水井、石磨、河道、古树等都是古城记忆的代表，是最能体现浓浓乡愁的物质载体，如图 7.19~图 7.21 所示。

图 7.19 建筑文化元素

图 7.20 水井元素

图 7.21 石碑元素

a 肌理

对于规划者，在改造时应严格把关，重点审查街区原有的特色肌理所在，以及原有肌理在现有规划中的落实情况。一些重点历史地段尽量保持原状，必须改造的也应通过相关的论证研究，切实保护好老街区的肌理。对于管理者，应设立相应的保护标准或准则，改善老街区中居民生活水平同时尽量较少对街区肌理的破坏。对于居住者，应积极参与，使规划师做出真正符合当地实际的保护规划，实现共同的利益。

b 建筑

对待老街建筑物，若是原封不动的保护，在一定程度上会阻碍老街文化发展；而若是一味追求"现代化"发展，很可能破坏甚至抛弃传统文化。因此，既不应选择封闭式的保存，也不能进行破坏式的发展，应在尊重传统基础上，适应现代社会需求，促进政府、居民与社会协同，寻求一种在保护真实性基础上，促进居民利益与社会发展共同实现的模式。

c 街巷

文化街景承载着老旧街区的文化符号，绝大多数老旧街区都有着自己独特的历史印迹，这些印迹与符号彰显着老旧街区的民俗特色、传统文化和生活气息。文化街景通过历史、艺术、文化与人的活动进行多层次叠加，使街道空间变得富有趣味性，以文化建设为宣传阵地，以传统文化教育为格调，把美化街景与文创工作紧密结合，在打造街景文化的同时注重街区形象的有效融合。

上海静安区彭浦镇晋城路 519 号位于晋城路北侧、近高平路口，原本是一段围墙，侵占了部分街道空间，还存在一定安全隐患。经过改造后，该段墙面设计以展示晋城文化遗产为主，采用与周边建筑协调的红砖为主，兼具晋城文化和海派风韵，形成路名文化景墙"晋城遗韵"，设计采用新中式风格，融入砖墙拼花、书法字体、文化图案等传统元素，如图 7.22 所示。

图 7.22 上海静安区彭浦镇晋城路街景

西安市火车站旁的坤中巷全长仅几百米，却有着近百年的历史。在改造时，如图 7.23 所示。不仅为巷子内的道路换上了最新的透水砖，增设了灭火器等应急消防设施，还加入现代化的街景设计，带有猫爪图案的导视柱、老墙上挂着一个个彩色的相框，为老旧街区打造了一条全新的风景线。这些照片中有孩子们读书时的全神贯注，也有老人们闲聊的开怀大笑。一张张照片，诉说着老街巷的安逸性和烟火气，也反映着新时代的发展和变革。

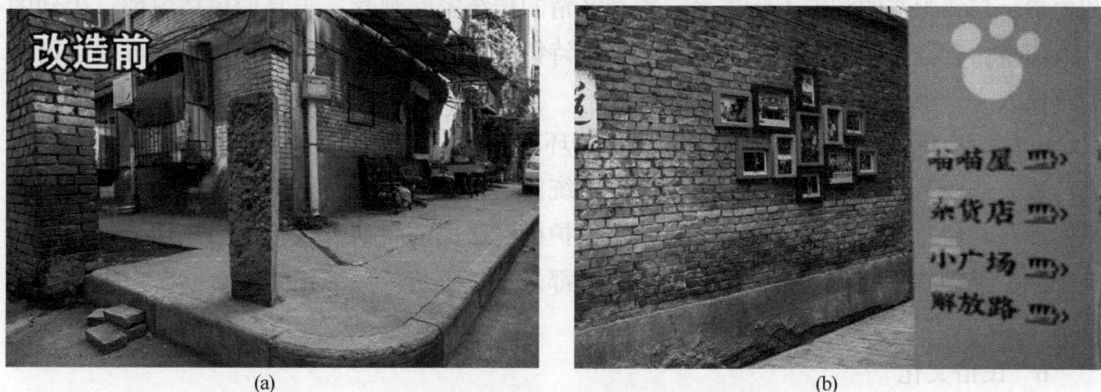

图 7.23 西安坤中巷改造前后对比照
(a) 坤中巷改造前；(b) 坤中巷改造后

　　d　设置文化景观

　　可以通过增加文化展览功能、引入文化小品等手法，来增强街区的文化氛围（图7.24）。景观小品是街区文化的重要载体之一，是最能够为人们所体会和理解的文化特征的表达形式之一。如在街区的空置墙体上设置不同主题的雕塑或绘画作品，讲述老旧街区的发展历程、名人轶事、传统老字号的故事等，形成具有浓郁文化特色的街区，吸引人们在此停留、驻足。

图7.24　街区文化展示
（a）前世今生；（b）西安大雁塔北广场雕塑；（c）天圆地方

　　B　非物质文化

　　老城区的非物质性文化的传承是对人们内心情感的满足。当物质生活需求达到一定的满足后，人们往往会提出更高层次的需求，人文个性、情感记忆则是满足人们精神需求的来源。尊重不同地域的文化习俗、宗教信仰，保留符合居民生活习俗、审美情趣的多元化要素是创造丰富宜人居住环境的重要手段，见图7.25。

　　a　邻里关系

　　老街区承载着的不仅是历史和文脉，更重要的是人们内心的文化归属感和生活方式。非物质文化的传承与建构价值中，最重要的因素就是人，它是以人的情感感受为基础。以和为贵、与邻为友的和谐人际关系；重视亲情的传统家庭观念；丰富的民俗习惯；生动的名人逸事；有益身心健康的生活节奏；富于诗情画意的兴趣爱好等都可以提炼成为老街区的特色人文景观。

　　一些历史街区忽略了对原住民的保护，环境的破坏导致许多街区原住民不得不离开，人口流失造成老街的空心化，丧失了滋养传统民风市井的土壤。老街区文化延续的价值不只体现在对物质环境的改造上，还应在于保护街区居民的生活方式、民俗风情上，昔日户外小憩、下棋聊天的老人，蹦蹦跳跳的小孩都是属于老街区最纯正的生活色彩，如图7.26所示。

　　b　民俗文化

　　民俗是一种基于人们生活、习惯、情感和信仰而产生的文化，是老街区一道靓丽的风景线，体现着人们生产生活过程中的物质和精神文化。可以选择性地保留其精华加以更新传承，营造城市的特色文化。当然，人是文化创造与传承的主体，各种民俗文化也需依托"人"这一重要载体即老街居民，这样才能更加生动地展示其独特的风格。老街居民作为亲历者与继承者在保护城市文化与记忆方面，起到了至关重要的作用。如壮家民俗风情靖西锦绣古镇（图7.27）。

图 7.25 曲阜孔庙演出   图 7.26 北京胡同里的生活

(a)   (b)

图 7.27 壮家民俗风情靖西锦绣古镇
（a）壮族民俗风情表演；（b）游客体验手工打制木锤酥

在壮家民俗风情靖西锦绣古镇，瓦氏夫人巡游、壮拳表演、舞乳狗、竹筏对歌等多彩的壮族特色民俗文化活动让人应接不暇，木锤酥、古法香囊、刺绣等特色商品琳琅满目，为居民和游客提供了丰富的选择和优质的体验，为该市提供了一个城市品质提升和文旅产业升级的契机。

  c 名人文化

    名人是一个城市的代表性旗帜之一，精神和意识、观念和理论、知识和素质、情操和品格的高度凝聚是名人文化的实质，辐射了一个地域独特的人文特征。可以将其融入街区空间中，突出老街区的文化特色。

    青岛"文化名人故居一条街"位于青岛老城区。这里聚集着一大批历史文化名人故居，是文化学者集中的地方。例如闻一多故居，老舍故居，王统照故居，沈从文故居等，一幢幢老建筑有的作为景点开放，有的则已经成为普通民居，宁静厚重的文化气氛至今仍在（图7.28）。

图 7.28 青岛文化名人故居街
（a）老舍故居；（b）康有为故居

福州"三坊七巷"人杰地灵，历代众多著名的政治家、军事家、文学家、诗人从这里走向辉煌，这些将相名士对中国历史产生过重大的推动作用。可以说，"三坊七巷"里每一坊每一巷都有历史渊源，作为中国在都市中心保留的规模最大、最完整的明清古建筑街区，在首届"中国十大历史文化名街区评选"中，以高票获选"中国十大历史文化名街区"（图7.29）。

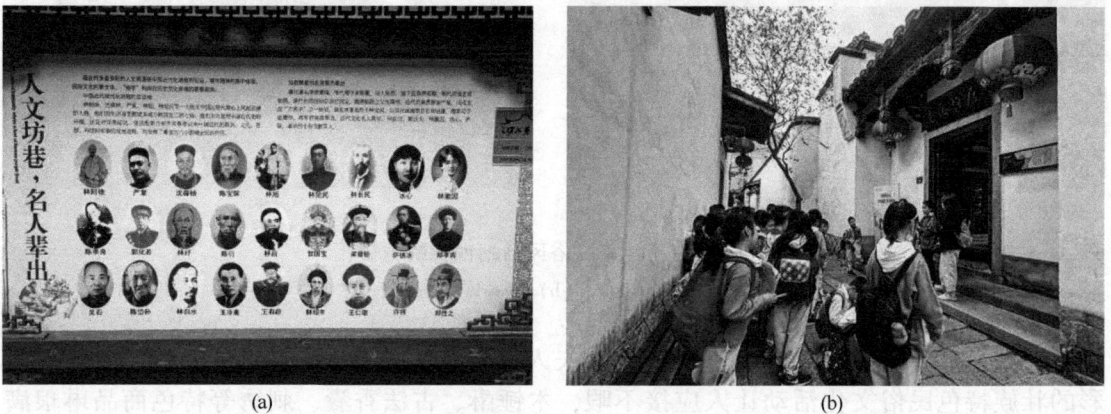

图 7.29 福州三坊七巷
（a）名人榜；（b）小学生研学

在进行整个街区更新活动过程当中，想要更好地进行历史文脉的传承，首先要对街区已有的文化进行全面的解读，在充分了解其文化基础上，再结合当下发展实际特点以及人们的生活需求，找到文化和现代生活结合的关键点，通过物质环境和社会文化层面这两个方面来进行文化的传承工作，这样可以实现文化的可持续发展，实现整个街区的良性更新，通过对街区物质环境和非物质文化场景进行更新设计，让人们能够身临其境实现整体文化的更好传承。文化遗存更新方式见表 7.2。

表 7.2 文化遗存更新方式

遗存类别	文化载体	更新与展示方式
传统技艺	表演艺术	设置演艺场所进行展示表演
	传统手工艺	传统作坊手工艺重现、展示、新价值的附加
民俗文化	礼仪与风俗	与旅游发展相结合，赋予新的含义，开设节庆游、文化节等主题游览
	节庆活动	
历史人文	名人故居	纪念馆，结合人物事迹展示
	历史地名	设立特色路标，展示地名由来
	名人轶事 历史事件	文字、图片雕刻等形象展示 新表现形式的加入

附录 老旧街区韧性空间重构规划案例

案例1——北京前门草厂街区项目

A 项目概况

近年来，北京市城市更新深入开展，历史文化街区以人居环境质量提升、文化保护和传承为重要内容，并逐步推进韧性城市建设，其中草厂街区城市更新行动取得显著成效。草厂街区位于前门东侧，如附图1.1所示。街区内以居住功能为主，占地约0.59km²，其中永久建筑的建筑面积为412458m²，临时建筑的建筑面积为$7.69×10^4 m^2$，居住建筑的建筑面积约占总建筑面积的70%。街区内人口密度大，是北京中心区人口密度的近两倍。草厂地区较为完整地保存了自明清至民国的传统街巷肌理、空间格局和历史建筑。

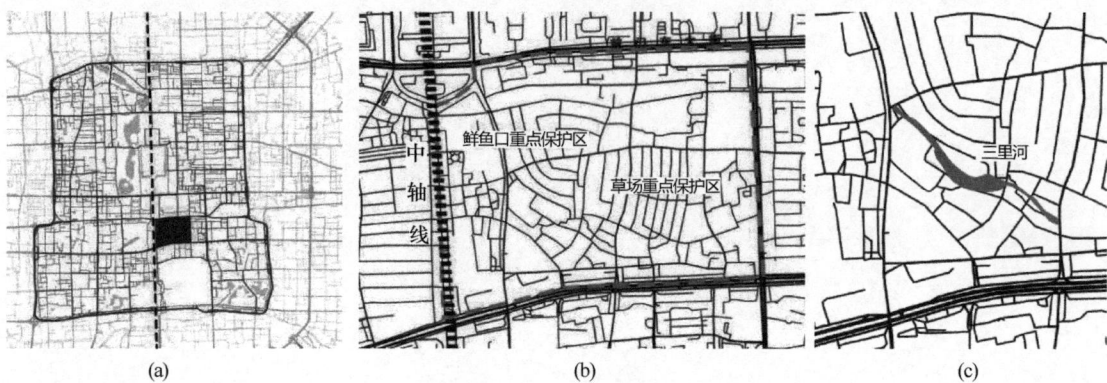

附图1.1 区位分析

(a) 前门区位；(b) 草厂街区区位；(c) 三里河区位

草厂街区形态形成于明朝，多为南城地区居民自行聚居建设，未有系统的规划，后由于疏通排水渠，逐渐形成了西北-东南走势的32胡同，存有大量"小、杂、歪、拐"的北京南城合院模式，胡同空间曲折变化，合院模式多样。同时，该地区历史上是运河漕运、进京赶考和梨园聚集之地，一直是商贾富集的地区。古三里河对前门地区肌理格局影响重大，决定了草厂和长巷胡同的走向，形成了北京极少见的有规律的扇形街巷，使前门区域成为北京斜街最多、最复杂的地方。

2014年以来，东城区启动对草厂胡同的腾退改善和保护修缮。近年来，草厂街区传统建筑进行了修缮和保护，配套基础设施得以完善，传统的院落内也有了现代化、智能化的设施，如附图1.2所示。距离草厂胡同不远，消失了几百年的三里河水景回来了，前门三里河水系的恢复为居民们提供了生态公共活动空间。

附图 1.2 街区风貌
（a）既有建筑；（b）街巷空间

B 现状梳理

随着时代的发展和演变，草厂街区的繁荣逐渐不再，在城市的快速发展中，该地区胡同和四合院的传统风貌遭到严重破坏，"大杂居"居住状态让此地区区域环境恶化，相比一墙之隔的前门地区的繁荣、现代，该地环境残破、脏乱，以居住功能为主使其在社会环境、经济功能方面压力更大，街区内在维持自身稳定发展的生长力不足，顺应适应外界干扰的韧性能力弱，急需进行保护和更新工作。

a 街巷空间问题

草厂三条至十条内有 17 条胡同共计 3500 余米，胡同平均宽度为 1.5~4.5m，狭长曲折。同时街区内，许多居民侵占街巷空间，私自搭建杂物间、停车棚等，同时自建了许多质量较差的纳凉、休息空间，加建后的胡同变得狭窄拥挤，对交通造成恶劣影响，车辆难以进入，造成生活不便，消防道路堵塞，交通顺畅与安全疏散都无法得到保障，同时街区历史文化风貌也遭到了破坏，如附图 1.3 所示。

附图 1.3 街巷空间问题
（a）街巷私搭乱建；（b）停车问题

b　居住空间问题

建筑密度、人口密度过大。区域内加建、乱建现象严重，占用了大量公共空间，使得区域建筑密度过大；区域平均容积率为 0.9 左右，而普通老北京四合院只有 0.5~0.6 平均容积率，传统院落空间已然不复存在。街区内人均居住面积为 15.36m²/人，与北京人均居住面积 28.8m²/人的数据也相距甚大。居住建筑由于长期未进行彻底的修缮，在安全性方面存在很大的问题，不合理现代化改造影响很大。由于缺乏控制和指导，街区内许多居民自行现代化合院改造与加建，无论是建筑造型、形态、色彩还是细部与设施等，都严重破坏了原有街区传统风貌。区域公共空间与绿地极少，人居环境恶劣。居住空间问题如附图 1.4 所示。

附图 1.4　居住空间问题
(a) 缺少储物空间；(b) 私搭乱建；(c) 空间拥挤

c　文化保护问题

由于社会经济条件限制、社会产权划分不明、历史遗留问题等多种原因，导致街区历史风貌较差，丧失特色。胡同肌理遭到破坏。由于私搭乱建现象严重，导致院内杂乱、街巷拥堵，以至于"巷不成巷，院不成院"，虽然基本肌理轮廓尚存，但整体风貌视觉效果极差。草厂街区内留存着大量拥有较高历史文化价值的老旧建筑，占比 15% 以上。这部分建筑现状大多损毁较为严重，急需重点保护和修复，营造街区良好历史文化氛围。

d　街区活力问题

除人口密度问题外，原住民的老龄化与人口流失问题严重，外来流动人员的进入等也使得区域丧失了传统活力。同时街区内缺少公共活动空间也是造成街区活力不足的重要原因。街区在满足社会功能可持续性的同时，也应重视其经济层面的功能，而街区内单一的业态功能，显然无法满足经济可持续性要求。

C　韧性重构

历史文化街区是老旧街区内文物丰富、文化底蕴深厚、需要重点保护的区域，应突出其文化层面的韧性重构，注重文化保护、文化传承，使文化具有包容、适应、变通和可持续的韧性特点。同时当前历史文化街区作为城市中的一部分，也应注重对原有社会功能的延续，以基础设施韧性重构，保障城市安全、提高街区宜居水平。草厂街区以街巷空间整治、居住院落更新、生态空间活力再生和文化价值韧性保护四方面进行街区韧性重构。

a　街巷空间整治改造

街巷空间是历史文化街区的交通空间，也是街区风貌展示的重要空间，同时承载了街区居民的公共活动和消防适灾功能，对街巷空间的整治是街区韧性重构的重要内容。

草厂三条至十条是北京市重点风貌保护区，从西至东顺序排列，草厂横胡同横穿于三条至十条，呈现着城南特有的民居风情。在重构过程中，保持街区尺度与形态，保留原有胡同规制和道路肌理，采用城市织补的方式，逐步对街区内街巷空间进行整治改造。在街区环境整治景观提升方面，草厂地区17条胡同修缮了墙面、檐口、台阶，更换了空调机组、墙地箱、户门，拆除了违建、清理杂物，并在路侧为居民搭建葡萄架、种植石榴树、增种绿植。厂七条、八条、九条路面是由老式石砖铺装而成的，古朴有韵味，而草厂四条、五条、六条使用的是花岗岩铺装地面，平整的路面更方便老人的日常出行，如附图1.5所示。

附图1.5 改造后街巷空间

(a) 墙面；(b) 小巷铺砖；(c) 街道绿化；(d) 街巷家居

基础设施改造。在市政基础设施改造方面，已完成17条胡同约3500延米电力电信架空线入地，新建电信管道、给水、排水、雨水、燃气切改、道路铺装，实现雨污分流，电力、电信架空线入地。同时草厂地区多条胡同开展了机动车单侧单停以及禁停工作，目前草厂三条已实现机动车单侧单停，横胡同以北草厂四条至九条已实现机动车禁止停放，横胡同以南路段正在进行升级改造。为解决地区停车难题，前门地区一个大的、三个小的停车场开放了一定区域，为胡同居民提供车位。如附图1.6所示。

附图1.6 改造后基础设施

(a) 集中自行车停放空间；(b) 公共卫生间；(c) 单侧停车及地面排水

由于胡同空间狭窄，市政基础设施薄弱，公厕大多无排风排味设施，臭味大易滋生蚊蝇，而且无隔断私密性较差。草厂地区的公厕也在升级改造中，安装除味设施，增加冲水马桶为老年人提供方便，设置洗手盆并增加隔墙保证私密性和舒适度，设置地暖冬季增温。

b 居住院落共生更新

草厂胡同内居住院落在有序腾退、拆除私搭乱建后，进行全面的升级改造，当前改造后的院落内有原有居民，还有新入住的居民，同时院落功能也更加多样化。改造后的院落，具有安全性和宜居性，同时对街区社会功能的保持发挥了重要作用。街区居民过上了向往的生活，守住了传统古朴的老院空间，又享受着现代化的便利生活，如附图1.7所示。

(a)　　　　　　　　　　(b)　　　　　　　　　　(c)

附图1.7 改造后院落空间
（a）一进四合院；（b）共生院；（c）胡同酒店

草厂胡同内有多处院落进行了共生院改造。北京市政府将共生院定义为"对于部分腾退后仍有原住民居住的混居杂院，在拆除违法建设、恢复院落空间的前提下，将四合院传统空间布局同现代居住功能相结合，切实改善居民居住生活条件，实现建筑共生、居民共生、文化共生。"

其中草厂头条3号院就是一个以居住功能为主的共生院，院落对私搭乱建进行了拆除，恢复传统二进院格局，功能以居住为主并把两间闲置房屋改造为老年活动室，当前厨卫设施还未完全改造置入。改造后，建筑风格得以修复，保留并沿袭了"堆灰捭浆"老技艺，房屋外立面修缮延续使用青砖青瓦，入户院门由红色改为古香古色的原木色，使院落整体更符合传统建筑风格。院落通过梳理公共空间，增设公用储藏柜，便于居民储存零碎生活用品；第一进院内栽有三棵古树，为院内提供遮阴纳凉场所，并在树下设置长凳和水池；立面经改造后使用大面积门窗，屋内宽敞明亮。

在经过院落疏解修缮后，小院保留着红柱、青砖、灰瓦的古朴风貌，但里面却改造成拥有着智能家居、暖气热水的现代公寓，迎来年轻人，实现年轻群体与老建筑、老胡同和谐共生的"共生院"。草厂地区83个腾退后的院落还将与企业合作建设"精品四合院酒店"。

c 生态空间活力再生

项目依据历史上河道位置和走向，以生态景观建设为主，突出了历史、人文、生态、艺术等特点，将胡同街区、四合院建筑与自然环境渗透融合，形成特有的自然肌理与清新朴实的风格。通过水系治理和生态修复，重塑了三里河河道景观，并注重修补完善街区功能设施，修缮居民房屋，延续历史文脉，提升街区活力，如附图1.8所示。

附图 1.8　三里河活力空间
（a）双层河道示意图；（b）河道生态景观

历史上三里河是前三门护城河的泄洪渠，水源来自护城河溢水。在水系统设计中，遵循海绵城市理念，结合北方城市雨水少、降雨季节性不均衡的气候特点，充分利用有限的雨水资源，最大限度地蓄滞、利用雨洪。在有限的空间内，采用双层河道等手段，设置1500 立方米地下蓄水空间。可保证汛期雨水域内消纳、蓄滞，并有效补充旱季河道补水需求。

d　文化价值韧性保护

历史文化街区中地方传统文化包括物质文化与非物质文化遗产，其中既包括历史建筑、历史遗迹等物质实体空间的保护，也包括对于社会风俗、民间传统工艺、宗教信仰、传统美食等无形的非物质文化遗产的延续与传承，如附图 1.9 所示。

附图 1.9　改造后的文化空间
（a）文化商店；（b）街区议事厅；（c）文化宣传栏

随着社会的快速发展以及人们需求上日新月异的变化，对于传统文化的保护仅停留在博物馆式的传承模式是不够的，需最大化地调动人们的积极性及参与度，可通过现代化生活体验模式的置入，将物质文化与非物质文化遗产通过动态、多层次、全方位且可持续性的方式传承下来。草厂胡同通过民宿体验、文化表演活动、民俗手工艺体验区等方式，让传统文化"活起来"，真正地与现代社会相融合，并依托于特色商业文化活动延续下去。

案例2——苏州平江路街区项目

A 项目概况

苏州是一座拥有 2500 多年建城史，带有古典之美的历史文化名城。苏州位于中国华东地区、江苏东南部、长三角中部，是扬子江城市群的重要组成部分。平江路街区位于苏州市姑苏区，是苏州迄今保存最完整、规模最大的历史街区，也是苏州古城的缩影，如附图 2.1 所示。平江路街区"水陆并行、河街相邻"的双棋盘格局是江南水城的典型代表。街区内保存了丰富的历史遗存和人文景观，有世界文化遗产 1 处，文化保护单位 9 处，控保建筑 43 处，以及大量的古建筑、古桥、古井、古树、古牌坊和古城墙遗址。平江路街区兼居住功能和商业、旅游功能为一体，街区整体风貌较好，经过改造和整治过后建筑质量较好，包含居住、商铺、会馆、宗教等功能。

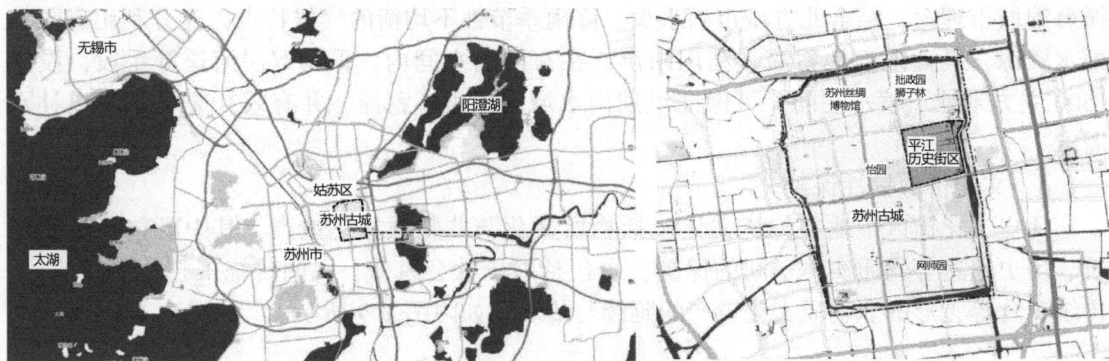

附图 2.1 区位分析

整个街区以平江路为主干向两侧延伸，形成鱼骨状的街巷格局。河道亦是街区重要的脉络，房屋依水而建，日常活动围绕水系展开，古代时期河道主要用作运输和灌溉，现代则主要用作商业旅游和生活居住。二十世纪五六十年代，由于城市发展需要张家巷等河道被填埋，填河开路建房一时盛行，对城市的排水系统和文脉造成了巨大损害，八十年代逐步开始对河道水系进行恢复。平江路街区韧性重构的过程中体现出对生态环境保护与河道水系治理的重视，强调文化的传承与创新，注重经济的可持续发展，街区更新成果较好，深受游客和居民的喜爱，是街区韧性重构的典型案例，如附图 2.2 所示。

B 现状梳理

平江路街区同很多老旧街区一样存在着许多韧性方面的问题，其中生态环境和基础设施抗灾性能薄弱，本土文化与经济产业适应性不足等问题最为突出。

a 生态环境抗灾性不足

平江历史街区的生态环境的问题主要体现在汛期积水和环境污染等方面。苏州是个多雨的城市，1972 年是苏州古城有记载以来第一次遭受洪涝灾害，填埋河道导致产生许多断头河道，古城排水机制受到破坏，街区局部区域对于暴雨洪涝的耐受力略显不足，汛期水位上涨、积水常威胁老旧建筑的安全，如附图 2.3 所示。在 20 世纪末，倾倒污水、洗拖

附图 2.2 街区风貌

(a) 江南水城风貌；(b) 河道

把、洗衣服、抛杂物等不文明行为造成街区河道污染严重，街区环境脏乱，生态环境遭受到巨大破坏。建筑密度过高、开敞空间不足、应急避难场措施缺失也是导致街区生态环境韧性不足的原因。

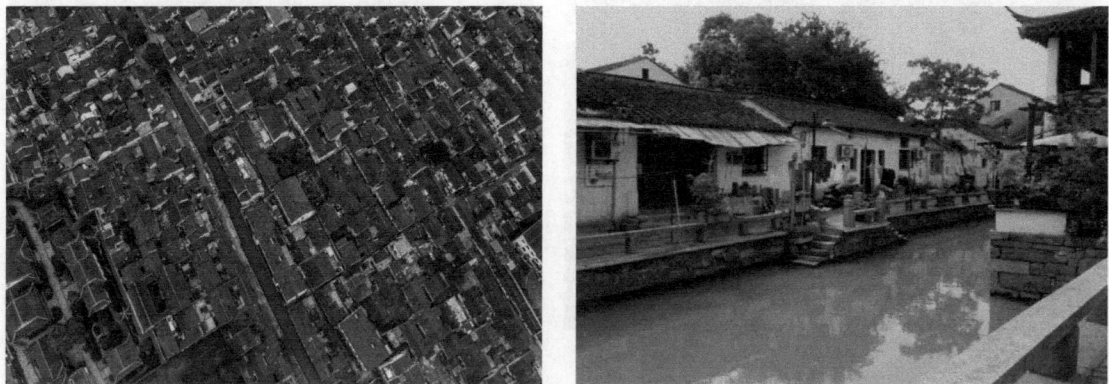

附图 2.3 街区河道

(a) 河道肌理；(b) 河道与民居

b 基础设施物质老化

20 世纪 80 年代的平江历史街区，存在建筑、给排水、电力电信、燃气、供热管线老化并且风貌不协调等问题。基础设施运转效率低，经常暴露各种问题。当时街区的人口密度过高，房屋破旧，用地功能不合理，消防设施缺乏，消防通道的通畅度和宽度不足，如附图 2.4 所示。

c 本土文化受到冲击

平江历史街区的特色文化和优美景观吸引了大量游客和商户，旅游业和商业的迅猛发展，大量快销商铺涌入街区破坏了传统文化氛围，旅游开发冲击本土文化，冲淡了本土文化，特色文化的传承受困。商业街上大量的商铺缺乏文化性和特色性，店铺的风貌过于多元化现代化。本地特色文化在应对外界文化的冲击方面显得能力不足，文化老店普遍业态

附图 2.4　基础设施老化

（a）环卫设施；（b）建构筑物；（c）管线设备

过于老旧落后，创新性不足导致了不能适应时代的发展，这些店铺在产品品质、装修风格等方面都存在不足之处，在传统文化与外来文化的竞争之中处于劣势，如附图 2.5 所示。

附图 2.5　平江历史街区

（a）街面商铺；（b）幽深古巷

d　经济适应性不足

街区的主要业态包括百货、餐饮、文创等，为本地居民和外来游客服务。街区整体业态单一，产业落后，缺乏创新，在经济遭到冲击时易暴露出其稳定性和抗压性的不足。过度引入外部商业，本地特色商铺市场适应能力薄弱，加之市场运营与管理在体制机制方面存在不足，容易引发店铺倒闭、失业率升高等问题，对街区经济的可持续性造成影响。

C　韧性重构

为提升平江历史街区的韧性，需建立历史文化街区的韧性重构机制，从多种维度提出相应的重构策略，包括生态、文化、经济、空间、政策等。生态要素作为环境机制基础层，政策要素作为政策制度顶层设计，同为街区重构的外在力量，文化、空间和经济三要素则是街区重构的内生力量。内生力量是维持街区自身稳定的生长韧性，外在力量是顺应外界干扰的适应韧性，两者相互作用形成合力机制体系，如附图 2.6 所示。

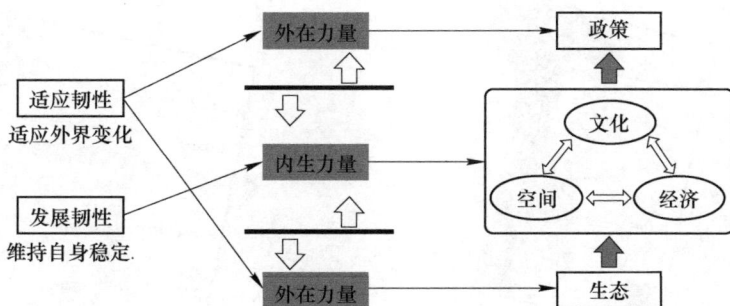

附图2.6 韧性重构合力机制

街区从生态、文化、经济、空间、政策五个方面进行韧性重构，通过生态重构完善河道和绿地系统提升整体品质，促使文化、经济、空间进行整体优化，依靠制度维持各项活动正常有序运行，各项规划和项目得以落实，如附图2.7所示。

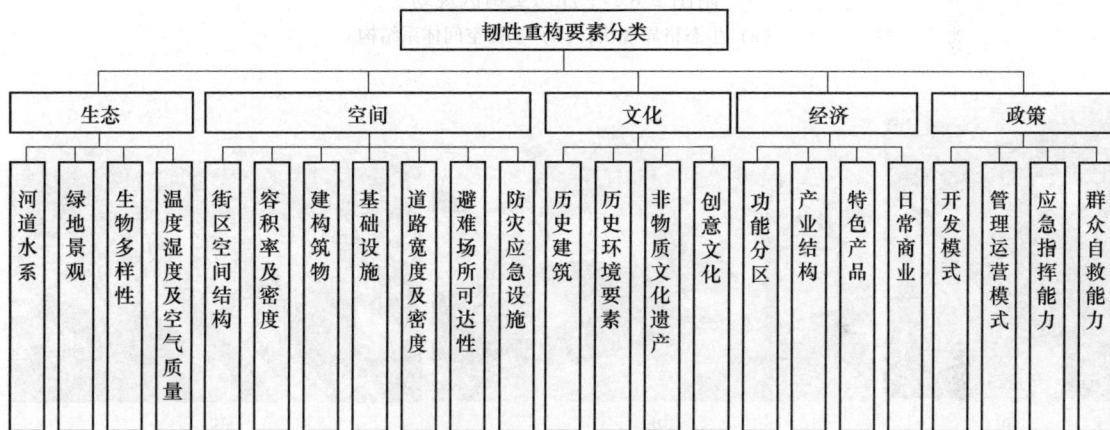

附图2.7 韧性重构要素分类

a 生态环境韧性重构规划

提升街区的生态环境韧性，需要重构破碎的生态格局，增加绿地，恢复河道，提升生物多样性，改善空气质量，形成蓝绿交织、绿色安全韧性空间体系，如附图2.8所示。

河道作为街区的重要生态要素，提升河道生态环境韧性可通过实施生态修复工程和加强运营管理两个方面进行改善。近些年河道整治的相关工程有雨污水截流工程、沿河立面整治工程、河道监测工程、河道恢复工程等，优化街区水巷街道。例如，街区完成了对平江路（河）的生态景观修复工程，包括两侧河道清淤、码头修整、驳岸压顶、绿化补种等具体内容；还完成了张家巷河道恢复工程，苏州古城内首个实施的河道恢复工程，包括开挖、修驳岸、架河桥、基坑支护、周边绿化等内容，通过完善街区的河道水系，对生态环境进行恢复和修补，改善街区的给排水系统。疏浚水道，挖掘淤泥，清理涵洞、埋设管道，使清水入河，污水入管，清污分流，各行其道，如附图2.9所示。

后期的管理和维护是街区生态环境韧性重构的重要保障，苏州市推行数字化水务创新，引入智慧水务平台，加强对生态环境的检测与管理。平江河的视频监控摄像系统通过

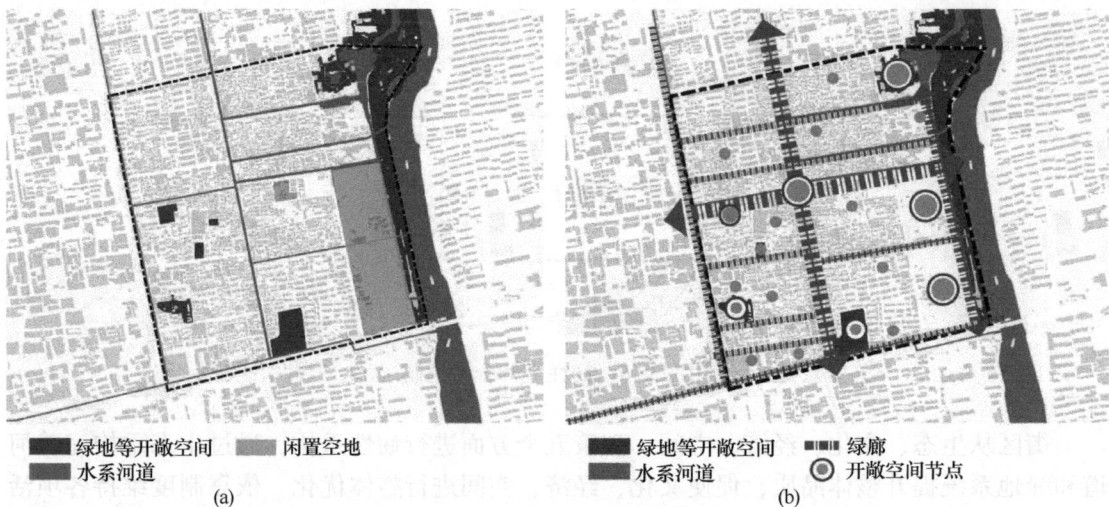

绿地等开敞空间　闲置空地
水系河道
(a)

绿地等开敞空间　绿廊
水系河道　◎ 开敞空间节点
(b)

附图 2.8　平江历史街区规划
(a) 生态格局现状；(b) 韧性空间体系结构

(a)　　　　　　　　(b)　　　　　　　　(c)

附图 2.9　平江历史街区改造
(a) 河道清淤；(b) 开挖河道；(c) 恢复后的张家巷河道

定点信息采集进行抓拍、智能识别和实时推送，加强对违法违规行为的管理，减少垃圾、污水入河的数量，提升水环境品质。在内涝积水测量、排口偷排检测、水体违法占用、蓝藻的监测、防洪排涝 VR 指挥、闸泵站远程控制等也在逐步数字化，水的全生命周期管理，拓展在精细化供水、精细化管理方面的应用，韧性检测和管理，如附图 2.10 所示。

b　空间韧性重构规划

街区从街巷空间、建筑空间等方面进行韧性提升。街巷空间方面，梳理街区空间结构，恢复水系，提高蓝绿系统的密度，控制建筑密度与容积率，增加开敞绿地作为避难场所，提升避难通道的可达性和效率。加强海绵城市和地下综合管廊的建设，构筑高标准的防洪排涝体系，构建有利于自然排水、防止下雨积水的排水系统，通过科学调度、精准施策、系统应对，统筹区域洪水和涝水外排，降低河网水位。

建筑空间方面，替换存在安全隐患的建筑结构，更新建筑管线设施，增强了建筑防震、防洪、防火等性能，提升建筑的抗灾和适灾能力。最大限度保存原有材料和结构，添加材料时，需在颜色、色调、表质、外形和尺度等方面相和谐，并且具有可识别性。并使用绿色低碳的材料，让建筑更具有可持续性，保护与创新兼顾。

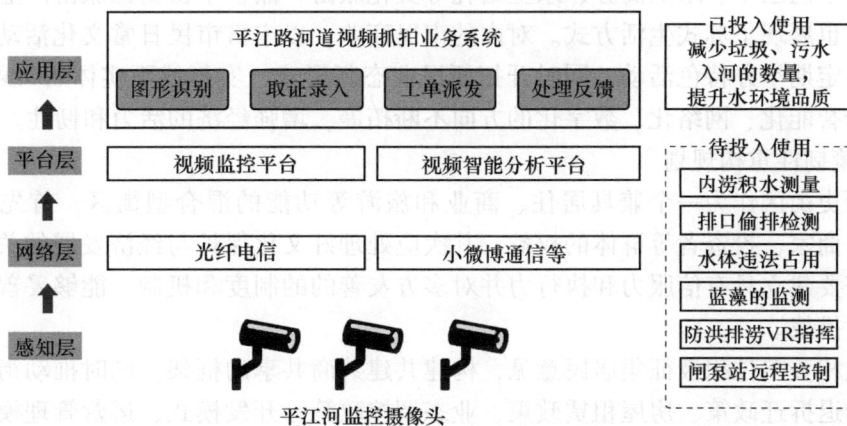

附图 2.10　智慧水务监管系统

c　文化韧性重构规划

街区结合河道发展水文化，充分挖掘本土文化的内涵，通过文化创新和技术创新等方式，增强苏州特色文化软实力，最终实现文化韧性重构。苏州文化依水而生，依水而活，河道、建筑等物质空间的改造为街区文化的韧性重构奠定了基础，将文化与经济发展相结合，两者相互促进，增强了本土文化的生命力和适应能力。

例如，张家巷文化创意街打造将围绕昆曲、评弹等元素，突出戏曲文化，在苏州传统文化艺术特点和时代新媒体创意文明的碰撞中，将非物质文化遗产带入生活，营造符合年轻人喜好的生活方式和场景。打造既有内涵底蕴，又有活力和适应能力的文化品牌，见附表 2.1。

附表 2.1　苏州非物质文化遗产引入街区

级别	项目	类型
世界级	昆曲	传统戏剧
国家级	苏滩苏剧艺术	
	苏州评弹	曲艺
	苏绣	传统美术
	制扇技艺	传统技艺
省级	苏帮菜制作技艺	

d　经济韧性重构规划

街区通过修复生态环境、培育文化产业、完善街区产业布局等方法，增强街区经济的韧性，实现街区经济的高质量增长。调整并重构街区的功能分区和经济结构，发展高品质的文化创意产业等服务业，创新经营思路和产品。

对外的旅游商业，在尊重本地文脉特色的基础上，探索创新业态形式，完善主导产业系统。例如，张家巷规划利用修复的河道发展文化旅游产业，将经济发展与苏州水文化相结合，植入水上巴士、水上商务、水上婚礼等文化旅游产品，丰富街区旅游产业的功能与业态，同时也展现了苏式生活方式。对内的市民商业，以丰富市民日常文化活动和休闲活动为目标，定期举办特色活动，同时开拓便民业态新形式，实行线下实体店+线上网店的模式，向着智能化、网络化、数字化的方向不断拓展，增强经济的活力和韧性。

e 政策韧性重构规划

平江历史街区作为一个兼具居住、商业和旅游等功能的混合型街区，首先应协调居民、游客、商家、投资者等群体的权益，其次应处理好文化保护与经济发展的关系。实现制度韧性需要建立具有信服力和执行力并对多方友善的的制度和机制，能够妥善解决矛盾并积极应对挑战。

政府及相关单位积极征集居民意见，构建共建共商共享的框架，同时推动街区建设和更新。对腾退拆迁政策、房屋租赁政策、业态调控政策、开发模式、运营管理模式等重点难点问题进行深度沟通，积极调动闲置用地和空间。加强有关部门及单位对于灾害的应急管理能力，同时增加街区的防灾宣传和演练，培养居民的灾害自救能力。

企业主要负责街区经营和管理，包括保护整治项目、品牌推广、景区运营管理等。企业通过创新经营思路，加大平江路品牌的宣传与推广，加强街区软件建设，在韧性制度构建方面发挥了重要作用。通过租金市场化与业态培育相结合、物业化管理和商会自治相结合、建立平江路业态及装修公开审核机制、建立管家式服务强化安全生产意识和保障等举措，提升了街区运营管理制度的科学性和公众性，增强了体制的韧性能力。

案例3——汕头小公园街区项目

A 项目概况

在20世纪20年代,汕头市在近代城市化过程中形成了汕头市小公园片区。整个小公园片区以中部的八角亭为核心,向周围呈放射状布局,道路交通十分便利,如附图3.1所示。作为汕头旧时最繁华的商业中心之一,小公园片区以其得天独厚的区位优势融合了巴洛克、洛可可等多种建筑风格,建筑立面装饰精美,具有很高的历史价值。经过岁月长河的洗礼,汕头市形成了其独特的潮汕文化、商业文化等,具有很高的文化价值,值得后人去发展和传承。

(a)　　　　　　　　　　　(b)

附图 3.1　汕头市小公园街区示意

(a) 汕头市小公园放射状布局;(b) 汕头市小公园中心八角亭

由于城市发展中心、经济重心的转移,在改革开放后,汕头市老城区出现了种种问题,例如:缺少休憩的公共空间、基础设施老旧、公共设施匮乏、居民楼破败、文化传承缺失、经济发展萎靡等。以上问题也加速了老城区原住民的外迁,而大量人员的外迁也就导致了更多消极问题的出现,如此往复,形成了一个恶性循环。因此,提高汕头市小公园街区的活力、复兴文化传承,形成良性的循环,最终提高小公园街区的韧性刻不容缓。

B 现状梳理

a 建筑层面

汕头市小公园街区内,大部分房屋的产权以私产为主。此外,多数房屋的产权几经变迁、部分房屋存在产权纠纷问题。多种复杂的因素导致了房屋使用者对于房屋的修缮缺乏积极性,而这也加速了建筑的老化、破损,如附图3.2所示。随着房屋老旧严重、公共空间匮乏、基础设施老旧等情况日益加剧,在经济条件允许下,大量汕头市小公园街区原住民外迁。也就是说,小公园街区的现住民,很多是通过租赁的方式居住于此的。人们认知中和谐亲切的邻里关系,正在逐渐消失。

b 居民层面

汕头市小公园街区历史文化传承的好坏,很大程度上取决于居住于此的居民对于传承

附图 3.2　汕头市小公园街区现状

（a）街区建筑老化严重；（b）街区建筑破损严重

文化的态度是否积极。此街区内的住户多为租客，具有流动性强、收入水平不高等特点，多数对文化传承取消极态度；对于房屋户主这一群体，他们多数抱着获得更多拆迁赔偿款、更多收益的目的，并不在意历史文化的传承、街区风貌保护等问题。

c　政府层面

早期地方政府出于解决危房及交通问题的考虑，曾对汕头市小公园街区进行了改造。但更多采用的是房地产式开发，一些地处历史街区边缘、层高较高的建筑直接遭遇了较大的破坏。后来由于财政力量不足等种种复杂的原因，汕头市小公园街区的改造、修缮处于一种停滞的状态，形成了"消极式保护"。这种"消极式保护"又带来更多的房屋老化、缺少绿化、公共空间不足等问题，形成恶性循环。

C　韧性重构

街区是城市规划营造中的重要因素，能够引导城市韧性系统构建，在城市韧性提升上发挥重要作用。将韧性思维应用于街区物质空间、精神空间以及基础设施的搭建中，可以保存街区文化的历史信息，反映街区的特色和风貌、改善历史街区环境，同时，还能改善人们的生活环境，激发历史街区长久发展的潜力，实现街区可持续发展，如附图 3.3 所示。

a　文化韧性重构规划

汕头市小公园街区不仅是汕头市的历史文化中心，一度还是整个汕头市的经济中心，形成了多种多样的文化，有着丰富的文化内涵等待着我们去传承、挖掘。通过活化汕头市小公园街区的历史遗产，可激发片区的文化活力，营造具有丰富文化内涵的精神场所。

（1）创建活力精神文化场所。汕头市小公园街区有丰富的潮汕文化、商业文化、海洋文化等，以及各式各样的文化场所，如附图 3.4 所示。依据各场地的丰富文化内涵，营造活力文化场地。如：依托红头船的文化内涵丰富海洋文化，营造可以学习、了解汕头市特的海洋文化的场所，老少皆宜，可休憩、可交流、可娱乐，从而激发场地活力。

（2）营造特色展览场所。汕头市有着数目繁多、种类丰富的博物馆资源，如：与海洋文化相关的红头船博物馆、与潮剧相关的潮剧博物馆、与海防相关的南澳海防博物馆等。众多的博物馆资源给汕头市丰富的文化展览带来了巨大优势，把博物馆资源与汕头市现有历史遗存相结合、结合现代科技手段，以点带面，生动地向当地居民及外来游客展示汕头市丰富的文化内涵，促进历史文化的传承。

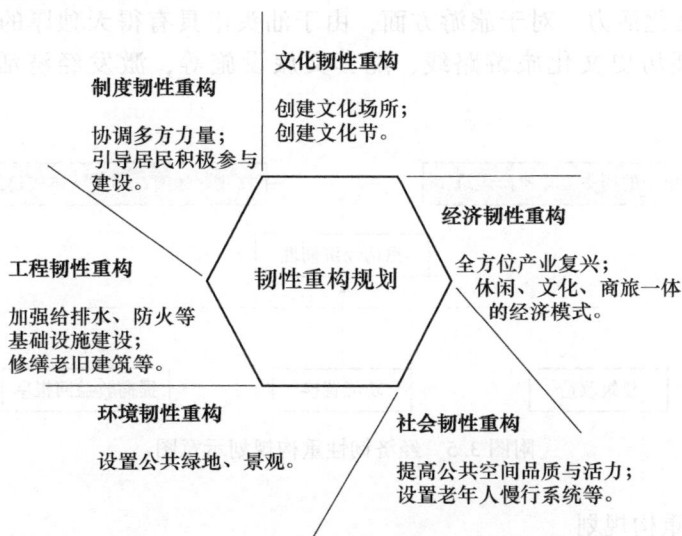

附图3.3　汕头市小公园街区韧性重构分析

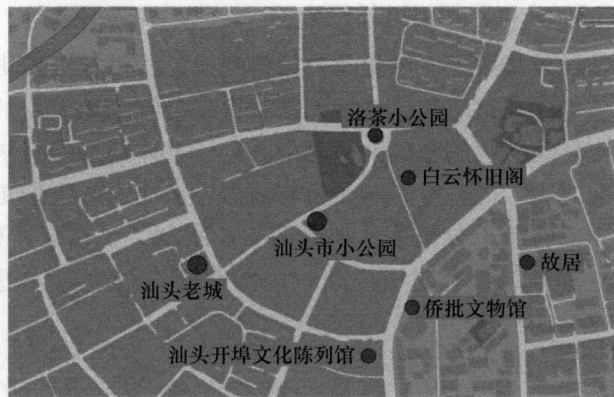

附图3.4　主要文化场所示意图

（3）创建文化节。汕头市有多种多样的民俗文化，如：潮剧、曲艺、特色饮食文化等。可以结合这些特色文化，创建具有汕头市特点的文化节。不仅可以吸引当地人参与文化活动，更是可以生动地向外来游客展示特色文化，形成良好的文化氛围，从而传承汕头特色文化、为汕头文化注入新的活力。

b　经济韧性重构规划

汕头市小公园街区经济发展萎靡，通过结合当地特色历史文化内涵，重构其经济韧性。将当地收益回报率较低的历史文化遗产，通过改造设计的方式，创造出更多收益回报率高的商业文化空间，同时也可以提供更多的就业岗位，从而促进当地经济发展，重构经济韧性。

设计者重构一种综合式的、休闲、文化、旅游、商业一体的经济模式，实现全方位的产业复兴，从而达到提高片区经济韧性的目的。对于休闲方面，通过对历史建筑的改造、功能重构为人们提供更多的室内公共空间；同时也通过对室外广场的改造，为人们提供更多的室外休闲、交流空间。对于文化方面，依托汕头市当地丰富的博物馆资源，举办文化活动节等，激发文化活力。对于旅游方面，由于汕头市具有得天独厚的历史文化遗产优势，可依托其发展历史文化旅游路线、配套文旅设施等，激发经济活力，如附图3.5所示。

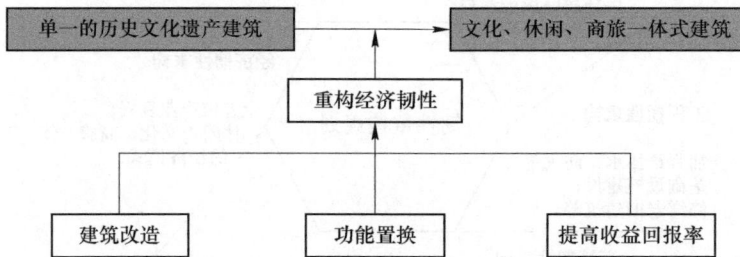

附图 3.5　经济韧性重构规划示意图

c　社会韧性重构规划

重构社会韧性是重构街区韧性的重要组成部分，不仅仅意味着要契合居民的日常需求，同时也要注重对公共空间的塑造。创建公众积极参与建设的街区、提高公众的积极性，对于重构街区社会韧性至关重要。

建筑老旧、公共基础设施缺乏、绿化及公共空间缺乏，再加上历史建筑不符合现代人的生活需求，引起了大量的人口流失，自然无法获得小公园当地民众的文化认同。应在保护街区肌理特色、历史建筑特色的基础上，对街区进行整体的形态保护；通过融入传统的文化符号进入公共空间之中，提升空间的品质与活力，从而引导人们更加积极地参与街区的建设；小公园街区立面特色十分显著，如附图3.6所示，可在保留建筑特色的基础上，进行整饬，完善街区立面效果；并对历史建筑内部空间进行改造，塑造更多公众可参与的、符合现代人生活需求的特色空间。

(a)　　　　　　　　　　　　　　(b)

附图 3.6　汕头市小公园街区特色立面风貌

(a) 商业店铺立面；(b) 商业街区立面

满足人性化需求也是不可忽略的一个关键点。针对街区出现的人口老龄化的问题，可以设计老年人步行系统、配置完善的基础服务设施；针对游客，可以设置更加完善的公共交通专项旅游路线、更加全面的游客引导指示设施；针对居民晚归的安全性问题，可以设置更加完善的安全监控系统、配备智能化安保设施等；针对居民出行不便的问题，结合公共交通体系、大数据信息等，为居民提供更多智慧化出行选择；针对居民对街区归属感不足等问题，可定期开展街区活动，并提高街区的环境品质，如附图3.7所示。

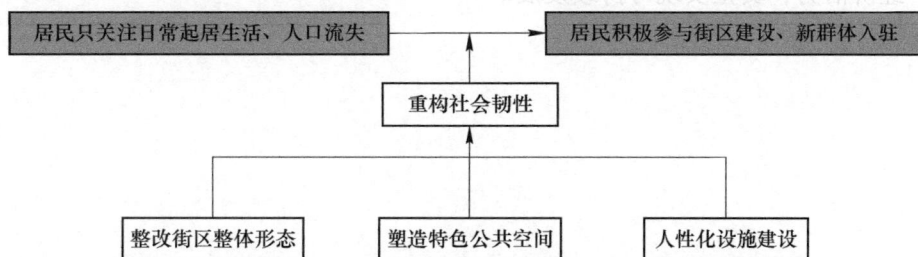

附图 3.7 社会韧性重构规划示意图

d 环境韧性重构规划

缺少绿化空间、缺少公共活动空间，这些都是汕头市小公园街区存在的问题。通过利用现有的空地，来设置公共绿地、活动空间等，以提升居住环境的品质。针对现存的水体不清澈等问题，通过在水体设置绿化来解决，同时也可以节省更多的人力、物力。针对部分居民反映的噪声问题等，通过设置更多的绿化来切断噪声的传播路径，以达到降噪效果。

e 工程韧性重构规划

在尊重街区风貌、保护历史建筑的前提下，重构街区工程韧性。加强电气、给排水、防火、抗震等基础设施的建设。对于建筑破损严重等问题，对老旧建筑进行修缮，满足建筑的防火间距；同时，对建筑内部空间等进行改造，以满足居民日常生活的需求。对街区道路进行分级，设置快行、慢行系统，提升街区道路的安全性，必要时采取禁行、限行等措施。

f 制度韧性重构规划

历史街区制度韧性的重构是多种力量协调作用的结果。专家学者希望可以传承历史文化；地方政府希望可以改善民生并促进当地经济发展，同时也希望历史街区的社会价值可以得到较大的提升；开发商则是从资本的角度考虑，期望可以得到较大的收益。协调各方利益，从而使历史街区的重构达到最佳效果，是提高历史街区制度韧性的关键之处。

重构街区制度韧性，应综合方方面面的力量。近年来，民间一些历史文化爱好者自动组织了历史文化保育组织等，这股力量对重构制度韧性而言也是不可忽视的。同时，应加强街区建设，增加一些居民可以参与街区建设的渠道，使居民积极地参与到街区建设中来。

总而言之，对历史街区韧性的重构若只是停留在保护、物质层面上，只能起到短暂的效果；应从物质与精神两个层面上重构街区韧性，引导居民积极地参与到街区建设中来，只有这样，才能真正地实现街区韧性的提升。

应从一个系统的、连续的、发展的角度去看待韧性街区的建设，其系统中任何一个因素变化都有可能会导致全局的变化。汕头市小公园历史街区的韧性重构包括文化、经济、社会、环境、工程、制度韧性的提升，使其在面对疫情、自然灾害时造成更小损害的同时，还能保持其内部经济、商业等的稳定性及恢复力；并依托其历史文化价值，重新激发其文化、经济活力，真正实现可持续发展。

案例4——上海田子坊街区项目

A　项目概况

上海作为一个国际化的大都市，同时也是中国的经济、交通、科技工业、金融、贸易、会展和航运中心。与此同时，相当优越的地理条件使得上海成为中国重要的对外交流窗口之一。田子坊所在的黄浦区便是上海市的中心区域，同时也是上海最具有文化底蕴的区域之一，如附图4.1所示。田子坊周边3km范围内区域有亚洲第一个全面展示琉璃艺术的上海玻璃博物馆、种植茂密法国梧桐的思南路、各式各样的老洋房建筑群。这片区域因为聚集了老上海几乎全部的民居样式而被人称作"上海城市历史的活话本"。

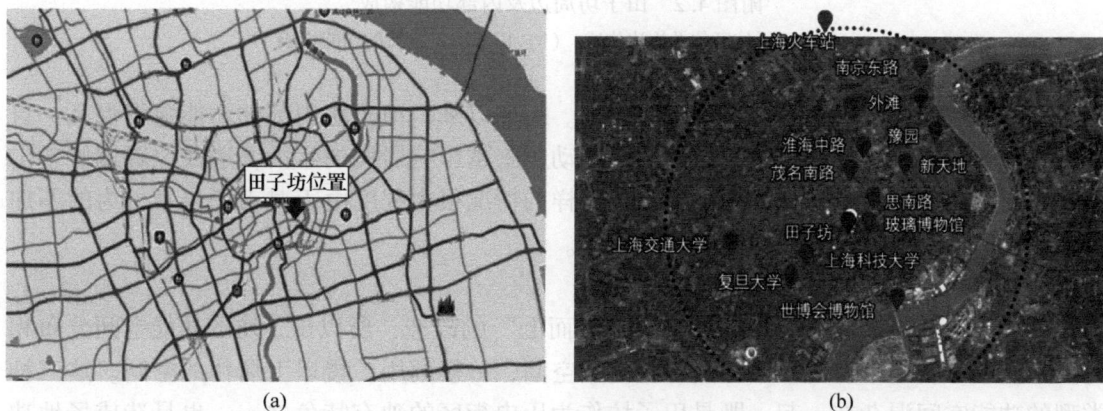

附图4.1　区位分析
（a）田子坊区位；（b）田子坊周边文娱场所

田子坊的具体位置位于上海市卢湾区泰康路210弄，东临思南路，西至瑞金二路，南临泰康路，北抵建国中路。街区北、西面相邻区域为原法租界核心高档住宅区、医疗及教育机构，南面散布着大量临时搭建区和高密度里弄住宅。总体来说，田子坊所在的街区由各式各样的里弄与工厂共同组成，且建筑方面具有十分鲜明的上海特色，如附图4.2所示。

田子坊的更新改造共经历了3个阶段，总历时8年。改造最开始由艺术工作室的入驻共同发起。由此，田子坊慢慢从杂乱无章的里弄工厂，逐渐变成文化名人聚集，艺术文化气息逐渐浓厚的区域，街区形象也开始发生改变。并且在更新改造途中，田子坊运用自下而上的更新策略，强调文化的传承和创新，注重经济的带动作用与自身的可持续发展，更新成果较好，是街区韧性重构的典型案例。

B　现状梳理

a　缺少对自发决策的干预

田子坊的发展模式不同于一般的"城市开发"或者"旧区改造"由政府主导进行，而是很大程度由居民自发推动进行的。田子坊的发展过程中，政策一直不是十分明朗，同时市场上开始出现了一些艺术家工作室的入驻以及小微企业的租房需求。居民由此发现了

附图 4.2 田子坊周边及内部功能构成

（a）田子坊区位及周边构成；（b）田子坊改造前的功能构成

获得实际利益的方法，纷纷出租自己的住房。长期以来，田子坊内部的功能愈发混乱，自发行为的不受干预，导致建筑底层的商业活动越来越影响居民的生活，造成位置偏僻未出租与已出租的房屋主人之间心理不平衡。这样的情况很大程度由于对市场自发行为的不加约束，长期以来造成了居民内部的尖锐矛盾。

b 场地功能空间混杂

由于田子坊是本地居民自行发起"自下而上"的改造，所以田子坊的功能空间分布相对复杂。整个场地中有纯居住空间、纯商用空间、一楼商用二楼以上居住的空间。这三种类型的功能空间混杂在一起，既是田子坊作为历史街区的独有特色之一，也是造成场地功能混乱，分区不明确的重要原因。场地内部的私人空间和公共空间交叉在一起，动静无法分离，导致当地居民无法很好地进行休息和生活，如附图 4.3（a）所示。与此同时，部分商业店铺延伸到居住为主的片区之内，同样会造成活力降低，游客消费欲望不足的问题，如附图 4.3（b）所示。

附图 4.3 田子坊功能空间

（a）居住商业混合的街道；（b）私人空间与公共空间的交叉

c 文化与周边割裂

自工厂关闭后，各种工作室入驻，对田子坊的艺术氛围的形成构成一定基础。之后文化创意产业园区的形成更是创造了集聚效应，艺术气息十分浓厚。但是由于文化产业很大程度依靠里弄工厂的灵活空间进行布置，文化工作室也基本集中在工厂原址片区。此时的田子坊的文化相关设施全部集中在田子坊的南部部分，基本上和居住区割裂开，整个场地的文化气息不是十分浓厚，如附图4.4所示。

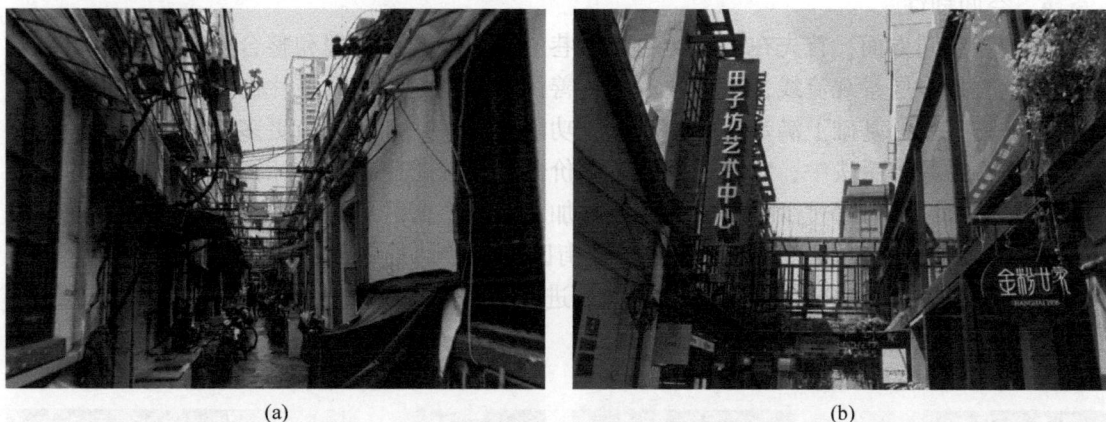

| (a) | (b) |

附图 4.4 田子坊文化空间
(a) 相对割裂的居住区域；(b) 集中的文化设施

d 高消费活动过度集聚

田子坊自发展以来，除了艺术产业的支撑，也离不开消费活动的参与。2010年以来，业态设施基本完全由市场进行主导。在市场的利益驱动下，高消费经济活动的占比越来越高，零售业的集聚度激增。在这种情况下，只有高收益的业态设施才能支付不断增长的高租金。根据数据显示，仅在2013年至2015年两年间，餐饮店铺数量增加29家，而艺术产业由51家锐减至18家（见附表4.1）。长此以往，高消费水平的商业店铺将逐渐取代人均消费较低的传统零售，餐饮业态，以及各种日常生活服务设施的相关设施。这样的现象不仅会造成零售商品的特色缺失以及雷同化，本地的文化活力也会有衰退的隐患。

附表 4.1 田子坊 2013 年与 2015 年业态情况

2013年田子坊业态情况			2015年田子坊业态情况		
业态	数量	百分比	业态	数量	百分比
餐饮	42	33.74%	餐饮	73	33.74%
饰品	34	14.46%	饰品	31	14.46%
服装	18	24%	服装	52	24%
艺术	51	29.48%	艺术	18	8.33%
小商品	26	15.03%	小商品	37	17.17%

2013 年田子坊业态情况			2015 年田子坊业态情况		
其他	2	1.16%	其他	5	2.30%
总计	173	100%	总计	216	100%

C 韧性重构

a 空间韧性

在街巷空间方面，首先在田子坊主要街巷的系统上进行梳理和整合，并且在保留街道的基础上叠加一层景观流线，从而进一步改善街巷的风貌。使得整片街区在维系原有历史风貌和地方特色的基础上满足新的物质上的功能需求，并且创造出更多的景观节点，激发场地活力。在具体手法中，对严重衰败历史价值不高的老建筑和破坏街区整体风貌的加建建筑进行拆除，同时通过少量新建建筑的增加，使整个街区形态维持动态的平衡，如附图4.5 所示。如此一来，既充分考虑到了传统街区作为整体的价值，又能体现出当代的时代与需求特征，既对过去的传统街区生活气息进行了保留，又加入了现代的相关需求要素，保证田子坊片区的可持续发展。

(a)   (b)

附图 4.5 田子坊空间更新改造

(a) 田子坊主要街巷；(b) 拆除私搭乱建后的街道

在建（构）筑物方面，田子坊原有的建筑形式主要有四种，分别为：厂房建筑、石库门建筑、传统民居与西式洋房。在建筑物的保护更新方面，田子坊较大程度地保护了原有场地的里弄工厂和石库门遗产，不仅仅包括了原本的建筑实体，同样涉及了相关的一些构筑物，对场地的建筑物与环境氛围采取了原真性的保护。同时对建筑进行再次利用，如利用厂房建筑的灵活空间改造成艺术家工作室与展览空间；利用西式洋房的前院改造成沿街商铺，增加场地氛围感与活力，如附图4.6 所示。改造后的田子坊非常注重游客体验，尤其是视听体验的塑造，让游客印象深刻，流连忘返。

在交通空间层面，原有的城市道路较窄，车流量也比较大。交通效率较低的道路系统逐渐成为制约田子坊发展的一个重要因素。在更新改造过程中，为了解决停车混乱的问

附图 4.6　田子坊建构筑物风貌
(a) 石库门建筑遗产；(b) 各类建筑风格混合

题，先在南面建设了大型的地下停车场，以及建设日月光中心广场，对停车的问题进行缓解。其次，2010 年的地铁 9 号线二期线路的开通也对田子坊的通达性带来一定提升。私搭乱建的拆除也对街巷的通行效率带来一定提高。保证场地发展不再受到交通条件的制约。

在基础设施层面，田子坊的发展使越来越多的居民在利益的驱使之下，加入了房屋出售的行列。租住的商家为了满足自身利益，对水、电、天然气等管道进行擅自修改与增设。外界人流的迅速汇集与霓虹灯等精英设施也对环境造成了一定的灯光与噪声污染。针对这些问题，原始居民通过选举成立了田子坊管理委员会，规范营业设施的尺寸，审核对建筑物与水电煤气等基础设施的更改与增设，极大地缓解田子坊内的设施内的安全隐患，平衡商家在安全与利益之间的关系，保证了街区的持续发展。

b　文化韧性

田子坊在物质文化更新传承方面，从物质文化，内在文化，活态环境三个方面进行考虑。在物质文化方面，田子坊见证了上海发展的从乡村到租界的和现代城市发展的各个时期，所以场地内部的历史建筑类型十分丰富。街道建筑景观正是人们区分不同文化的重要途径。所以为了保护田子坊文化交融的特色风貌，更新对整个街道景观都进行了重点保护。其中，尤其重视田子坊地区特色的石库门建筑与里弄工厂。除此之外，更新时也包容了西班牙、英国各种风格的建筑，以记述田子坊地区多文化交叉的历史进程。物质文化的保护使得田子坊的地方形象和文化特征最大限度地凸显出来，如附图 4.7 所示。

在内在文化方面，田子坊的最初工厂区是以创意产业为开始进行开发的，并且后续田子坊的发展也基本立足于此进行考虑。在改造更新途中，一直致力于对这种场地发展中的内在文化创意与海派文化价值进行保留。对其整体的功能格局进行保留，以及政策的相应扶持。保证田子坊既是艺术家的可以信任的生态街区，同样也是游客喜欢前往的具有海派文化特质的艺术消费区。

在活态更新方面，田子坊不仅保留了原始的建筑与艺术文化氛围，而且留住了当地的居民。因此，上海原始的里弄生活也作为田子坊的特色之一被尤其重视。街道更新期间，管理委员会多次询问居民意见，召开居民大会，对原本的生活方式进行调查。对一些生活设施以及生活附属空间进行保留。因此，街道到处弥漫着原住民的生活气息，在艺术与文化气息充盈的街区中充满了人情味，如附图4.8所示。田子坊因此成为上海历史风貌和石库门里弄生活的"活化石"，也逐渐成为田子坊活力持续发展的最突出因素之一。

附图4.7　田子坊多样物质文化遗产
(a) 国外风格建筑；(b) 国内风格建筑

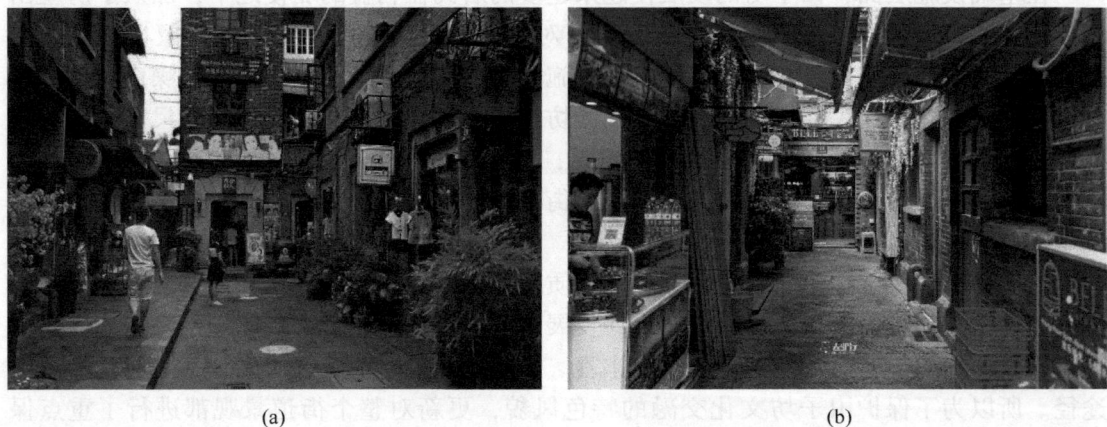

附图4.8　田子坊活态环境保留
(a) 艺术文化氛围；(b) 街道生活气息

c　经济韧性

在功能结构方面，由田子坊最初的艺术功能的加入，慢慢通过市场的促进，形成了商业、创意、文化、居住相结合的混合式街区。为了防止市场主导而导致的高消费商铺过度集聚，减少商业功能对居住功能的干扰，政府在其中进行了一定程度的宏观把控。作为多元主体参与到了更新过程之中，对商业功能片区进行管控，并且为其他文化创意等功能提供平台，对本地居民的日常生活需求设施进行补充，保证场地功能的协调发展。

在业态构成方面，利益驱使下的商业片区扩展，使得片区零售业过于雷同化，缺乏竞争力，场地文化氛围减弱。对此，田子坊管理委员会在区域政府的授权与配合之下，做出了大量的调整与限制，控制同性质营业场所数量，剔除小商品小吃快餐等无创意、无秩序的商户，如附图 4.9 所示。同时对场地内的文化创意艺术产业进行补助，减少该产业所使用场地的租金。在居民和政府的联合干预下，田子坊内的文化气息与商业氛围达到平衡，避免了田子坊的过渡商业化，保护了田子坊街区的独特性和可持续发展性。

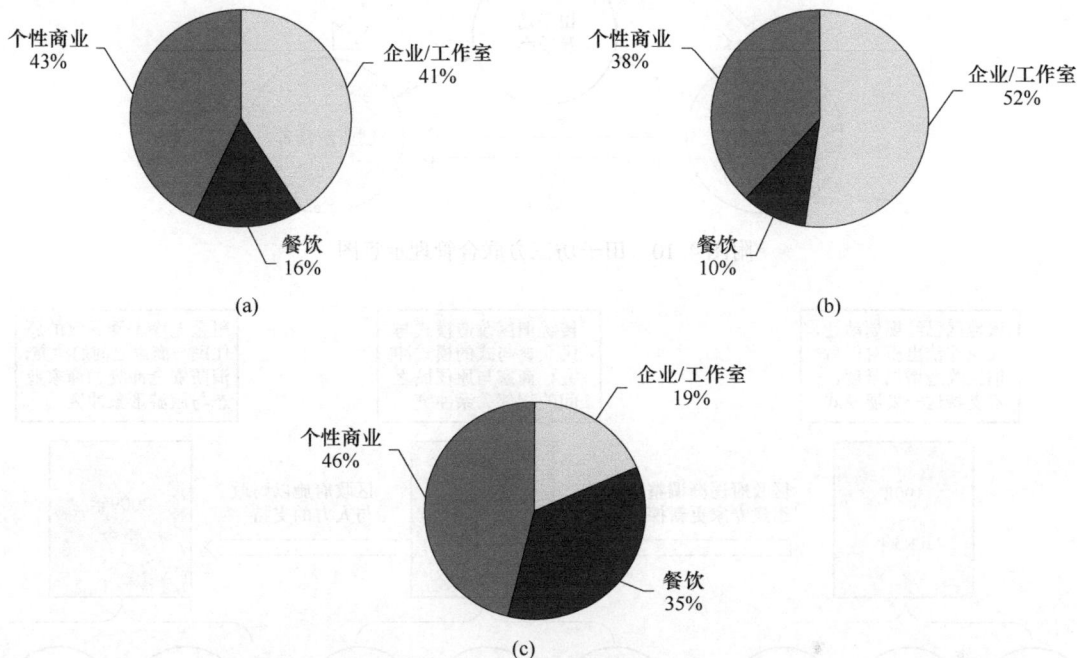

个性商业 43%　　企业/工作室 41%　　餐饮 16%
(a)

个性商业 38%　　企业/工作室 52%　　餐饮 10%
(b)

企业/工作室 19%　　个性商业 46%　　餐饮 35%
(c)

附图 4.9　田子坊产业比例构成（2012 年）
（a）田子坊整体产业比例；（b）田子坊工业区产业比例；（c）田子坊居住区产业比例

d　制度韧性

田子坊之所以能够顺利发展为创意产业集聚地，很大程度是因为"居民发起，艺术家积极配合，政府与开发商参与"这样自下而上的制度模式，如附图 4.10 所示。最开始田子坊的发展由当地居民将自己的住所出租给创意单位缘起的，其中离不开当地老百姓自发的行为促成。最初的里弄居民，街道办事处，居民管委会联合对场地进行联合整治，保证了一定的发展秩序。在更新改造的中期，卢湾区多部门进行联合整治，肯定了居民自发约束管理的力量，进一步帮助居民进行改造。在这阶段，政府的作用和影响力非常小，因此管委会在此时得到了相对较大的自发决策空间。

在改造后期，政府在肯定自发组织力量的前提下适当进行了干预，分别在人力和财政上对田子坊进行援助支持，请专家学者对田子坊进行长远的整体规划，同时组成人员交叉的领导小组，负责协调和督促相关的部门做好相关的物业工作和公共管理工作。收集社情民意，组织调解工作和法律咨询服务，如附图 4.11 所示。这样的创新模式不仅在最短的时间内以最低的成本获得了利益，也保留了居民自发形成的商业活力和街区氛围。

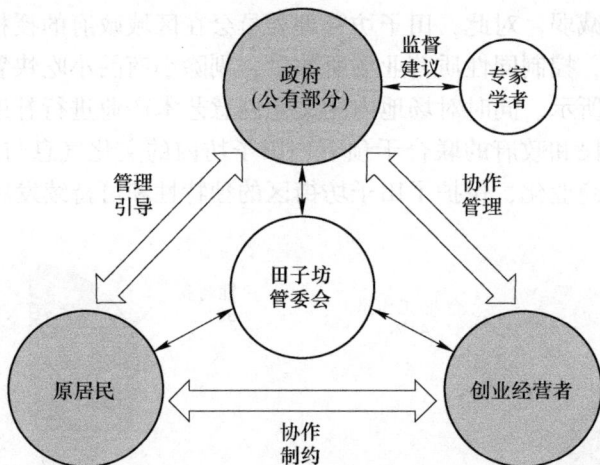

附图 4.10 田子坊三方联合管理示意图

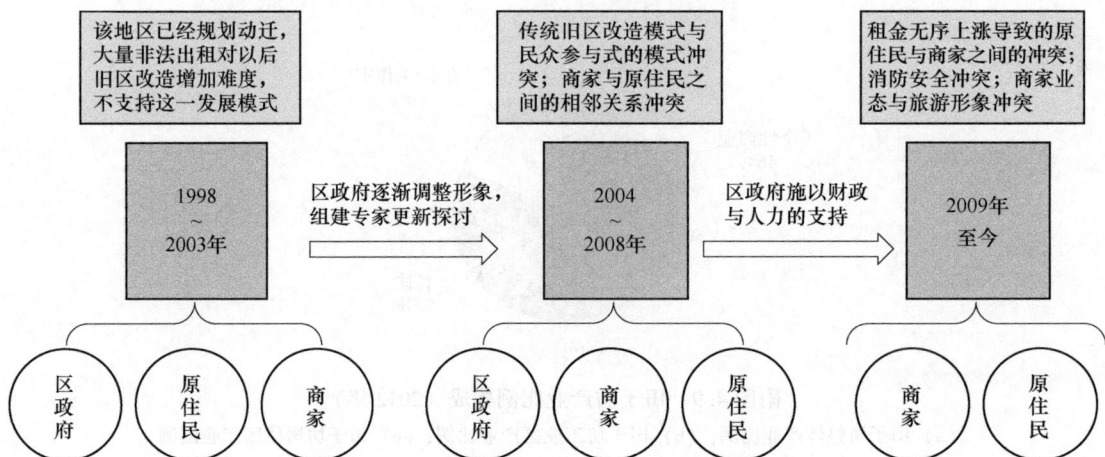

附图 4.11 田子坊发展过程中主要的冲突形式

参 考 文 献

[1] 刘培根. 论旧建筑的柔性更新策略 [D]. 武汉：武汉纺织大学，2014.

[2] 冯晓青. 城市韧性的空间格局特征及作用因素研究 [D]. 大连：东北财经大学，2019.

[3] 王博. 基于韧性城市理论的黑龙江省能源型城市工业空间的优化与重构研究 [D]. 大庆：东北石油大学，2019.

[4] 王振好. 基于韧性城市理论的能源型城市开敞空间韧性优化与重构策略研究 [D]. 大庆：东北石油大学，2019.

[5] 田丽. 基于韧性理论的老旧社区空间改造策略研究 [D]. 北京：北京建筑大学，2020.

[6] 俞泽昊. 老旧社区公共空间韧性机理与设计策略研究 [D]. 上海：上海应用技术大学，2019.

[7] 许然然. 文化生态保护视角下城市老旧街区微更新设计研究 [D]. 桂林：广西师范大学，2020.

[8] 郑皓，汤啸天. "韧性城市" 背景下老城区闲置文脉空间开发策略研究——以平江历史街区为例 [J]. 建筑与文化，2021 (2)：180~181.

[9] 张丽娜. 历史街区的防灾减灾设计研究 [D]. 重庆：重庆大学，2014.

[10] 赵彩云. 韧性理念下的历史文化街区防灾减灾研究 [D]. 石家庄：河北师范大学，2019.

[11] 唐诗琦. 韧性城市理念下居住性历史街区保护与更新策略研究——以平江历史街区为例 [J]. 建筑与文化，2021 (4)：169~170.

[12] 曹翔. 苏州平江历史文化街区滨水节点空间 POE 及优化策略研究 [D]. 苏州：苏州科技大学，2019.

[13] 段奇闻. 活力营造视角下北京历史文化街区公共空间更新研究 [D]. 北京：北方工业大学，2021.

[14] 赵健程. 北京旧城草厂片段 2010 年至 2016 年城市肌理演进研究 [D]. 北京：清华大学，2017.

[15] 周洁. 旧城更新中的文化保育与活化传承——以汕头市小公园开埠区保护规划为例 [J]. 城市发展研究，2017，24 (11)：36~42.

[16] 袁奇峰，蔡天抒，黄娜. 韧性视角下的历史街区保护与更新——以汕头小公园历史街区、佛山祖庙东华里历史街区为例 [J]. 规划师，2016，32 (10)：116~122.

[17] 袁奇峰，蔡天抒. 基于空间生产视角的历史街区改造困境——以汕头小公园历史街区为例 [J]. 现代城市研究，2016 (7)：68~77.

[18] 谷小溪，闫丙学，金世铺. 关于城市触媒理论在老旧城区改造领域应用的探讨——以田子坊为例 [J]. 智能建筑与智慧城市，2021 (6)：43~46.

[19] 滕有平，陈双秀. 基于场所精神的历史街区导视系统优化研究——以上海田子坊为例 [J]. 中国名城，2019 (10)：79~84.

[20] 王尧舜，胡纹，刘玮. 旧城改造中的博弈与重构——以上海田子坊为例 [J]. 建筑与文化，2016 (11)：122~123.

[21] 徐赣丽. 当代城市空间的混杂性——以上海田子坊为例 [J]. 华东师范大学学报（哲学社会科学版），2019，51 (2)：117~127，187.

[22] 单瑞琦，张松. 历史建成环境更新活力评价及再生策略探讨——以上海田子坊、新天地和豫园旅游商城为例 [J]. 城市规划学刊，2021 (2)：79~86.

[23] 陈双秀. 上海田子坊历史街区导视系统设计研究 [D]. 合肥：合肥工业大学，2018.

[24] 王瑶. 传统街区生活性文化空间的识别及更新策略 [D]. 武汉：华中科技大学，2019.

[25] 杨涵. 城市老旧街区建筑功能重构研究 [D]. 武汉：湖北工业大学，2017.

[26] 刘秀英. 场域视角下区域一体化发展研究 [D]. 北京：北京交通大学，2019.

[27] 张玲. 旧居住区改造问题研究 [D]. 天津：天津大学，2017.

[28] 张东方. 历史文化街区范围内老旧社区改造模式与策略研究 [D]. 广州：广东工业大学，2019.

[29] 孔维东，曾坚，钟京. 城市既有社区防灾空间系统改造策略研究 [J]. 建筑学报，2014 (2)：6~11.

冶金工业出版社部分图书推荐

书　名	作　者	定价(元)
冶金建设工程	李慧民　主编	35.00
土木工程安全检测、鉴定、加固修复案例分析	孟　海　等著	68.00
历史老城区保护传承规划设计	李　勤　等著	79.00
老旧街区绿色重构安全规划	李　勤　等著	99.00
地下结构设计原理（本科教材）	胡志平　主编	46.00
高层建筑基础工程设计原理（本科教材）	胡志平　主编	45.00
岩土工程测试技术（第2版）（本科教材）	沈　扬　主编	68.50
现代建筑设备工程（第2版）（本科教材）	郑庆红　等编	59.00
土木工程材料（第2版）（本科教材）	廖国胜　主编	43.00
混凝土及砌体结构（本科教材）	王社良　主编	41.00
工程结构抗震（本科教材）	王社良　主编	45.00
工程地质学（本科教材）	张　荫　主编	32.00
建筑结构（本科教材）	高向玲　编著	39.00
建设工程监理概论（本科教材）	杨会东　主编	33.00
土力学地基基础（本科教材）	韩晓雷　主编	36.00
建筑安装工程造价（本科教材）	肖作义　主编	45.00
高层建筑结构设计（第2版）（本科教材）	谭文辉　主编	39.00
土木工程施工组织（本科教材）	蒋红妍　主编	26.00
施工企业会计（第2版）（国规教材）	朱宾梅　主编	46.00
工程荷载与可靠度设计原理（本科教材）	郝圣旺　主编	28.00
土木工程概论（第2版）（本科教材）	胡长明　主编	32.00
土力学与基础工程（本科教材）	冯志炎　主编	28.00
建筑装饰工程概预算（本科教材）	卢成江　主编	32.00
建筑施工实训指南（本科教材）	韩玉文　主编	28.00
支挡结构设计（本科教材）	汪班桥　主编	30.00
建筑概论（本科教材）	张　亮　主编	35.00
Soil Mechanics（土力学）（本科教材）	谬林昌　主编	25.00
SAP2000结构工程案例分析	陈昌宏　主编	25.00
理论力学（本科教材）	刘俊卿　主编	35.00
岩石力学（高职高专教材）	杨建中　主编	26.00
建筑设备（高职高专教材）	郑敏丽　主编	25.00
岩土材料的环境效应	陈四利　等编著	26.00
建筑施工企业安全评价操作实务	张　超　主编	56.00
现行冶金工程施工标准汇编（上册）		248.00
现行冶金工程施工标准汇编（下册）		248.00